CHOIX

DE

RÉQUISITOIRES

Publications de M. Louis SARRUT

Législation et jurisprudence sur le transport des marchandises par chemin de fer. (1 vol. in-8°, 1874. Chaix et Cie, libraires-éditeurs, *épuisé.*)

Le mariage des prêtres devant la Cour de cassation. (Brochure, 1887. Larose et Forcel, éditeurs.)

Conclusions en matière civile et en matière criminelle; Examen critique des travaux parlementaires; Comptes-rendus bibliographiques. Articles divers parus dans les journaux judiciaires à partir du mois de mai 1881, et dans la *Revue critique de législation et de jurisprudence.*

Collaboration depuis l'année 1884, par notes signées ou anonymes, au recueil Dalloz (Recueil périodique et critique de jurisprudence, de législation et de doctrine.)

Discours de rentrée :

1° Des droits de l'époux sur la succession ab intestat de son conjoint prédécédé. (Discours prononcé le 3 novembre 1880 à l'audience solennelle de rentrée de la Cour d'appel de Grenoble.)

2° L'œuvre législative de la troisième République dans le domaine des questions sociales. (Discours prononcé le 16 octobre 1890 à l'audience solennelle de la Cour d'appel de Paris.)

3° Législation ouvrière de la troisième République. (Discours prononcé le 16 octobre 1894 à l'audience solennelle de rentrée de la Cour de Cassation.)

CHOIX

DE

RÉQUISITOIRES

Prononcés

A LA COUR D'ASSISES DE LA SEINE

(Novembre 1888 – Juillet 1889)

PAR

Louis SARRUT

AVOCAT GÉNÉRAL, DOCTEUR EN DROIT

SECONDE ÉDITION

AFFAIRE PRADO (Assassinat et vol)

ASSASSINAT DU BOULEVARD SAINT-GERMAIN (Caporal Géomay)

CRIME D'AUTEUIL (Assassinat et vol)

OUTRAGES A DES MAGISTRATS PAR LA VOIE DE LA PRESSE

PARIS

LIBRAIRIE DE LA SOCIÉTÉ DU RECUEIL GÉNÉRAL DES LOIS ET DES ARRÊTS
ET DU JOURNAL DU PALAIS

Ancienne Maison L. LAROSE et FORCEL

22, RUE SOUFFLOT, 22

L. LAROSE, Directeur de la Librairie

1895

IMPRIMERIE
CONTANT-LAGUERRE

LVX INITAM

BAR - LE - DUC

AFFAIRE PRADO

(Assassinat et vol)

AFFAIRE PRADO

(Assassinat et vol)

NOTICE

Le 28 novembre 1887, des agents de police arrê-
taient, à Paris, un individu qui venait de commettre,
dans un hôtel situé Cours la Reine, un vol audacieux.
Ce malfaiteur, dont l'identité n'a pu être établie,
déclara s'appeler Prado y Ribo. On apprit dans la
suite qu'il était l'auteur d'un vol de bijoux dont avait
été victime, dans la nuit du 24 au 25 août 1887, le
sieur Forgerit, bijoutier à Royan (arrondissement de
Marenne, Charente-Inférieure). De nombreux complices par recel furent emprisonnés, au mois de décembre 1887, à l'occasion de ce dernier vol : José-
François Garcia, Mathilde Daull, Roberto Andrès,
Encarnacion Pradès, femme Pablo, Firmin Ibanez,
Eugénie Forestier, femme Varlay, Mauricette Couronneau. Pendant le cours de l'instruction qui se poursui-
vait à Marenne, au mois d'avril 1888, Eugénie Forestier fit connaître que Prado avait assassiné Marie Agué-

tant. L'assassinat de cette fille galante, demeurant à Paris, remontait au 14 janvier 1886. Le juge d'instruction près le tribunal de Marenne se dessaisit aussitôt. L'instruction confiée à M. Adolphe Guillot, juge d'instruction près le tribunal de la Seine, confirma les révélations d'Eugénie Forestier. En conséquence, la Cour d'assises de la Seine eut à juger tout à la fois Prado, accusé notamment d'assassinat, et Garcia, Mathilde Daull, Andrès, la femme Pablo, Ibanez, Eugénie Forestier, Mauricette Couronneau, prévenus de complicité par recel du vol de bijoux commis à Royan. Les débats occupèrent neuf audiences (5-14 novembre 1888). L'arrêt de la Cour d'assises condamna Prado à la peine de mort, et ses coaccusés aux peines suivantes : Garcia cinq ans de réclusion, Mathilde Daull deux ans de prison, Andrès quatre ans de prison, Ibanez quatre ans de prison. Encarnacion Pradès, femme Pablo, Eugénie Forestier et Mauricette Couronneau furent acquittées. L'exécution de Prado eut lieu à Paris le 28 décembre.

Avocats : MM^{es} Comby pour Prado; Danet pour Eugénie Forestier; Delhassary (du barreau de Bordeaux) pour Mauricette Couronneau; Davrillé des Essarts pour Garcia et pour Mathilde Daull; Boullay pour Andrès; Decori pour la femme Pablo; Eugène Crémieux pour Ibanez.

COUR D'ASSISES DE LA SEINE

Présidence de M. le conseiller Horteloup

RÉQUISITOIRE [1]

PREMIÈRE PARTIE

PRADO

PREMIÈRE SECTION

ASSASSINAT DE MARIE AGUÉTANT

MESSIEURS LES JURÉS,

L'information n'a pu déchirer le voile qui enveloppe le passé de l'accusé Prado. Prado, Linska de Castillon, Mendoza, Haro, Grasset, que sais-je? Tous les noms que son esprit inventif a pu imaginer, l'accusé se les est attribués pour dissimuler son identité. Est-il né au Mexique, dans l'Amérique du Sud, en Espagne? Est-il tombé de haut, sorti de bas? Nul ne le sait. D'après les indications qu'il a fournies lui-même, il aurait, dès

[1] Audience du 12 novembre 1888.

son jeune âge, parcouru le monde à la recherche des aventures, ne possédant comme moyens d'existence que le jeu à la grecque, le vol, le rapt, la débauche. « Si quelqu'un connaissait mon passé, a-t-il dit quelque part, je le tuerais aussitôt! » Que cache donc ce passé sombre, impénétrable? De quelle famille Prado est-il la honte? Encore à cette heure, quand sa tête est l'enjeu de la lutte engagée entre la société et lui, entre le ministère public et son défenseur, pas une voix ne s'élève, pas un cri ne retentit pour implorer la pitié de l'implacable Justice. Accusé Prado, qui donc êtes-vous? Mais ne cherchons pas plus longtemps. Votre nom, l'accusation vous le donne : vous êtes l'assassin de Marie Aguétant.

I. Dans le courant de l'année 1883, l'accusé Prado, sans ressources, incapable de tout travail, frappé par la juridiction correctionnelle espagnole, perdu de dettes et peut-être de crimes, se réfugiait à Paris. Il laissait à Madrid, dans une mansarde, sur un grabat, sa femme, l'une de ses femmes, Dolorès Garcès y Marcilla, dont il avait en peu d'années dissipé la fortune relativement considérable. 150,000 francs environ, au jeu et dans la débauche. Il espérait se dissimuler dans les replis de la grande capitale et ramasser dans ses bas-fonds des moyens d'existence. Pendant plusieurs mois l'information perd sa trace, mais, au commencement de l'année 1885, elle le trouve installé chez Eugénie Forestier. Les dernières ressources d'Eugénie

Forestier furent promptement épuisées. Elle accepta les libéralités d'un banquier américain. Prado mena joyeuse vie, écoutant gaiement le bruit des baisers dans l'alcôve voisine.

Au mois de septembre 1885, le banquier part pour l'Amérique. La situation d'Eugénie Forestier change profondément : à l'aisance, au luxe succèdent la gêne d'abord, la misère ensuite.

Quelle était exactement, au commencement de l'année 1886, la situation d'Eugénie Forestier et de Prado? Si l'on rapproche la déposition de la femme Baurès, propriétaire de l'immeuble occupé, rue Baudin, 11 *bis*, par Eugénie Forestier et par Prado, les déclarations d'Ibanez et d'Eugénie Forestier et les aveux de Prado lui-même, on peut la dépeindre en traits saisissants. Les vêtements, les bijoux, le linge sont au Mont-de-piété; les loyers sont dus; la propriétaire a même, à diverses reprises, fait des prêts, qui ne s'élèvent pas, au total, à moins de quatre cents francs; au gros de l'hiver, Eugénie Forestier n'a pas de manteau, et le 14 janvier 1886, jour du crime, elle emprunte la somme de vingt francs nécessaire au dégagement du manteau. On manque de pain; la propriétaire, par charité, donne de quoi manger. Ce n'est pas seulement la misère, c'est la mendicité. Prado l'a reconnu. On le confronte le 27 juin 1888 avec Eugénie Forestier. — *Eugénie Forestier*. « Vous vous rappelez notre misère à cette époque. J'avais dû emprunter pour dégager mon manteau. Nous n'avions pas même de quoi manger. Je vous apportais un peu de nourriture. Nous n'avions pas le sou. » — *Prado.* « C'est vrai. »

Par quel étrange revirement Prado nous apparaît-il tout à coup, au lendemain du crime, possesseur de sommes relativement considérables et de bijoux? Le vendredi 15 janvier, il montre deux billets de banque de cent francs chacun à Eugénie Forestier et il achète des vêtements neufs. Le samedi, il loue des voitures, prend l'express de Paris à Bordeaux ; puis il voyage et séjourne en Espagne, successivement à Madrid, à Saragosse, à Calatayud. Il donne ou fait engager de nombreux et riches bijoux. Il envoie, vers le 19 ou le 20 janvier, la somme de quatre cent cinquante francs à Ibanez, adresse le 10 février un mandat télégraphique de deux cents francs à Eugénie Forestier, bureau de Boulogne-sur-Mer, et quand celle-ci le rejoint à Bordeaux, elle le trouve nanti d'un millier de francs; il paie d'avance, à l'hôtel des Pyrénées, chambre et pension pour un mois.

Interrogé sur la provenance de ces sommes d'argent, Prado a fourni des versions différentes. Il allègue d'abord un prêt fait à Barcelone par des amis dont il ne peut indiquer les noms ni les adresses, puis il imagine un vol qu'il aurait commis sur la route d'Irun à Madrid. Enfin, il invoque le jeu dans un cercle, à Paris, rue Richelieu. A l'audience, il écarte le prêt, le vol, le jeu ; c'est du produit de sa plume qu'il aurait vécu. Cette dernière allégation est mensongère comme les précédentes : au juge d'instruction, qui lui demandait, à la date du 22 décembre 1887, quels avaient été ses moyens d'existence depuis cinq ou six ans, Prado a répondu : « Je refuse de m'expliquer sur ce point; il m'est impossible de faire connaître à l'aide de quelles ressources j'ai vécu depuis deux ou trois ans. » Donc l'accusé Prado n'a pas donné et ne peut pas donner d'explication acceptable, et de ce contraste saisissant entre la misère de la veille et la richesse du lendemain, l'accusation déduit un argument redoutable.

II. Au numéro 52 de la rue Caumartin, une fille galante, Marie Aguétant, occupait un appartement relativement somptueux. Elle appartenait à cette catégorie de femmes entretenues qui apportent autant d'ordre à la gestion de leur fortune que de laisser-aller dans leur conduite, qui thésaurisent et font volontiers étalage de leur fortune et de leurs bijoux. Ce n'était un mystère pour personne que Marie Aguétant était riche et possédait de nombreux et fort beaux bijoux.

Par suite de la nature des occupations de son amant B..., Marie Aguétant avait la libre disposition de son temps, chaque jour, de neuf heures du soir à deux heures du matin. Pendant cet intervalle, elle s'appartenait ou plutôt elle appartenait aux autres.

Riche, connue comme telle, accessible aux amants de rencontre, Marie Aguétant était une victime que Prado résolut d'immoler le jour où, par le fait du dé-

part de l'amant d'Eugénie Forestier, toutes les ressources firent défaut.

A quelle époque exactement commencèrent les relations de Prado et de Marie Aguétant? Il est sans
intérêt pour l'accusation de préciser. Il lui suffit d'éta-
blir que Prado a courtisé Marie Aguétant et partagé
son lit. « Mon petit Américain, mon Petit-Gris, celui
des Solitaires, » c'est ainsi que Marie Aguétant désignait Prado; « mon petit Américain, » par allusion aux
immeubles que Prado se vantait de posséder en Amérique; « mon Petit-Gris, » à cause de la couleur de
son costume habituel; « celui des Solitaires, » car un
jour il avait promis de remplacer, quand des fonds lui
viendraient d'Amérique, par des diamants dits *solitaires,* les boucles d'oreilles de Marie Aguétant. L'Américain ou le Petit-Gris, c'est-à-dire Prado, était si bien
connu pour ses assiduités parfois importunes auprès
de Marie Aguétant et même par ses allures suspectes,
que le premier sentiment des personnes appelées lors
de la découverte du crime, Jeanne Fontanier, amie de
Marie Aguétant, Rosalie Rutschmann, l'ancienne
bonne, la dame Parent, couturière habituelle, fut de
le désigner comme l'auteur probable, comme le seul
auteur possible de l'assassinat. On lit, en effet, dans le
procès-verbal du juge d'instruction : « Les témoins
nous déclarent que c'est la seule relation de la victime
qui puisse être soupçonnée, et leur conviction est que
cet homme n'a fait qu'exécuter un projet qu'il méditait
depuis longtemps. »

Prado nie énergiquement : il n'a jamais connu Marie Aguétant. L'accusation fournit aisément la preuve du contraire.

Il est certain, tout d'abord, que Prado a passé une nuit entière chez Marie Aguétant. Eugénie Forestier raconte que Prado n'a découché qu'une fois, que, inquiète de ne pas le voir revenir, elle est allée le matin chez Ibanez demander des nouvelles. Ibanez admet l'exactitude du fait, mais refuse de préciser la date. Ce ne sont là, sans doute, que des présomptions, mais voici un témoignage décisif. Rosalie Rutschmann, ancienne bonne de Marie Aguétant, reconnaît formellement Prado. Confrontée pour la première fois, le 27 juillet 1888, devant le juge d'instruction, elle s'écrie « sans la moindre hésitation, » ce sont les termes mêmes du procès-verbal, dès qu'elle voit entrer l'accusé : « C'est bien lui que j'ai vu chez Marie Aguétant. » A l'audience, pressée de questions par le président, elle affirme de la façon la plus positive qu'elle a vu Prado un matin dans le lit de Marie Aguétant. Aucune méprise n'est possible. Elle rappelle, en effet, ce détail : Prado l'a chargée d'aller prévenir, avenue d'Italie, numéro 62, qu'il ne rentrerait pas pour déjeuner. Au numéro 62, on répond que Prado est inconnu. Même réponse au numéro 52. A son retour chez Marie Aguétant, Prado avait quitté la chambre.

Une coïncidence remarquable confirmerait, au besoin, la déclaration du témoin. Rosalie Rutschmann était au service de Marie Aguétant depuis la fin du

mois d'octobre jusqu'au 22 ou 23 novembre 1885;
B..., l'amant en titre de Marie Aguétant était sous
les drapeaux du 19 octobre au 21 novembre, et c'est
précisément le 2 novembre qu'Eugénie Forestier a
touché à Boulogne-sur-Mer, envoi de son amant d'A-
mérique, la somme de huit cents francs sur laquelle,
d'après ses allégations, Prado a prélevé la somme de
cinq cents francs dont une partie a servi à payer les
faveurs de Marie Aguétant.

Donc il est établi que l'accusé Prado a passé une
nuit chez Marie Aguétant à la fin du mois d'octobre
ou au commencement du mois de novembre 1885.

N'insistons pas, d'ailleurs; la seule question, dont
la solution importe au procès, est celle-ci : Prado a-t-il
pénétré dans l'appartement de Marie Aguétant? En
a-t-il connu les dispositions? Savait-il les habitudes
de cette femme? A cet égard, le doute n'est pas possible. Rosalie Rutschmann, l'ancienne bonne, et la
veuve Rosenne, la concierge, ont vu à plusieurs reprises l'accusé Prado chez Marie Aguétant. En outre,
Rosalie Rutschmann, la dame Parent, le sieur Clémencet, tapissier, racontent que, dans la matinée du
20 novembre, l'accusé Prado voulant entrer de force
dans l'appartement de Marie Aguétant, une altercation
avec la bonne s'ensuivit et ils durent intervenir. Ces
témoins sont très affirmatifs. Il n'y a pas pour eux place
au doute, et Clémencet donne ce détail significatif qu'il
est descendu de l'échelle et qu'il a vu Prado bien en
face.

L'accusé ne peut infirmer ni combattre ces témoignages. Il supporte mal les confrontations : à plusieurs
reprises, le président doit insister pour qu'il relève la
tête et se tienne debout.

Ces mêmes témoins, Rosalie Rutschmann, la veuve
Rosenne et la dame Parent, s'accordent à reconnaître
dans Prado l'homme que Marie Aguétant appelait le
petit Américain, le Petit-Gris, celui des Solitaires.

Voilà donc une double démonstration faite. Des relations ont existé entre Prado et Marie Aguétant ; Prado,
c'est bien le petit Américain, le Petit-Gris, celui des
Solitaires.

Les dénégations de l'accusé se retournent dès lors
contre lui. Sans doute, amant par occasion de Marie
Aguétant, Prado n'est pas par cela même l'assassin.
Mais pourquoi donc a-t-il affirmé constamment, avec
une énergie qui ne s'est point démentie, n'avoir jamais connu Marie Aguétant? Il n'avait assurément ni
susceptibilité de pudeur, ni situation à ménager.
Comme tout libertin, il tire volontiers vanité de ses
succès auprès des femmes. Par ses dénégations, il
donne une importance exceptionnelle à ce fait désormais certain qu'il a été reçu à plusieurs reprises par
Marie Aguétant dans son appartement de la rue Caumartin.

III. Mais voici maintenant une constatation bien plus
grave : le signalement de l'assassin présumé s'applique
à l'accusé Prado.

Sur les indications fournies par Jeanne Fontanier, Rosalie Rutschmann et la femme Parent, le juge d'instruction dresse un signalement. N'en retenons que les éléments principaux, les traits qui frappent : « Taille légèrement au-dessous de la moyenne, paletot couleur noisette, chapeau en feutre noir à fond et à bords plats. »

La taille de l'accusé est bien légèrement au-dessous de la moyenne; Rosalie Rutschmann, qui l'a vu plusieurs fois chez Marie Aguétant, dit qu'il était petit.

Quel paletot Prado mettait-il d'ordinaire? Quelle était sa coiffure habituelle? Rosalie Rutschmann indique un paletot noisette ou marron clair, un chapeau de feutre rond. D'après la concierge, veuve Rosenne, Prado était toujours habillé de gris et portait souvent un chapeau de feutre. Ibanez et Prado sont confrontés le 17 juillet 1888. — *Prado.* « Vous souvenez-vous du pardessus que je portais? N'était-ce pas un pardessus foncé? Souvenez-vous bien. » — *Ibanez.* « Vous portiez un pardessus clair. » A l'audience, Ibanez a donné la même indication. Quant à Eugénie Forestier, elle affirme que Prado portait un pardessus clair et un chapeau de feutre, le chapeau un peu plus bas que celui que l'on aperçoit ici sur la table. Et ce détail a certainement une grande utilité pour l'accusation puisque Rosalie Rutschmann a fait une remarque identique, de telle sorte que, en ce qui concerne le chapeau, il y a concordance parfaite entre les indications de Rosalie Rutschmann, bonne de Marie Aguétant, et les indications d'Eugéne Forestier, maîtresse de Prado.

Quelles personnes ont vu l'assassin en compagnie de Marie Aguétant le jeudi 14 janvier 1886? Jeanne Richard, la concierge, veuve Rosenne, Barbette Burg. Reconnaissent-elles Prado? L'accusation ne le soutient pas; elle prétend seulement qu'il y a concordance entre le signalement de l'accusé Prado et le signalement de l'individu qui accompagnait Marie Aguétant. Jeanne Richard a vu Marie Aguétant partir de l'Eden-Théâtre avec un individu de taille moyenne, portant un paletot noisette assez clair et un chapeau forme plate. Montrant le chapeau qui est sur la table, elle a dit : « chapeau dans ce genre, calotte un peu plus ronde, » reproduisant ainsi presque textuellement les déclarations de Rosalie Rutschmann et d'Eugénie Forestier. La concierge, veuve Rosenne, a vu que le compagnon de Marie Aguétant avait un chapeau bas. Quant à Barbette Burg, au service de Marie Aguétant lors du crime, elle indique un pardessus clair ou marron foncé, un chapeau bas; dès la découverte du crime, le 15 janvier 1886, elle avait signalé un pardessus clair et un chapeau foncé, de la forme de ceux que l'on met en voyage.

Ainsi, en résumé, aux personnes qui l'ont vu, dans la soirée du 14 janvier 1886, accompagner Marie Aguétant, l'assassin apparaît de petite taille ou de taille moyenne, vêtu d'un pardessus clair, coiffé d'un chapeau de feutre. Aucune de ces indications n'est en opposition avec le signalement de Prado.

Deux circonstances particulières vont du reste prouver que le signalement de l'assassin présumé, tel que l'avaient donné au juge d'instruction, dès la découverte du crime, Jeanne Fontanier, Rosalie Rutschmann, la femme Parent, signalement qui concordait avec les indications fournies par Jeanne Richard, la veuve Rosenne, Barbette Bürg, relativement au compagnon de Marie Aguétant, est bien celui de l'accusé Prado. Ces deux circonstances sont le changement de costume et un article du journal *la Nation*.

Le lendemain du crime, Prado s'est dépouillé de son costume habituel et a revêtu un costume tout différent. Il n'y a pas à cet égard que les déclarations formelles d'Eugénie Forestier; on peut invoquer la déclaration d'Ibanez et dans une certaine mesure l'aveu même de Prado. Ibanez a répété à l'audience, ainsi qu'il l'avait déjà dit au juge d'instruction, que la veille du départ pour l'Espagne, c'est-à-dire le vendredi 15 janvier, Prado avait un pardessus foncé : « Je n'ai jamais revu en sa possession, dit-il, le pardessus clair. » Prado, interrogé à l'audience, a répondu qu'avant de partir il s'était acheté un pardessus pour remplacer son pardessus clair; ce dernier pardessus étant de demi-saison, il avait voulu se procurer un vêtement plus chaud pour l'hiver.

Les journaux parus dans la soirée du vendredi 15 janvier se bornaient à l'annonce du crime. Ils ajoutaient seulement : « L'assassin est inconnu; on n'a pu suivre de trace; on n'a pas trouvé d'objet de nature à le faire reconnaître. » Il en fut de même pour les journaux parus dans la matinée du samedi 16. Prado fut rassuré. Si on en croit les indications d'Eugénie Forestier, pendant la journée du vendredi, pendant la matinée du samedi, il affecta de l'indifférence et même une cynique gaîté. Mais dans l'après-midi du samedi, le journal *la Nation* donnait des détails circonstanciés, fort complets sur le crime. Ce journal est antidaté, on le distribue à Paris entre 4 et 5 heures du soir. Dans le numéro du dimanche 17 janvier, vendu par conséquent le samedi entre 4 et 5 heures, on lisait : « L'assassin est connu ; il a été vu souvent avec Marie Aguétant. Ce criminel n'a rien de vulgaire. C'est un misérable qui a combiné son crime sagement, lentement, avec un sang-froid terrible. Il a choisi absolument son moment..... Marie Aguétant le désignait sous ce nom : « mon Américain..... » Le signalement donné par la bonne et par la concierge se rapporte absolument à celui de l'Américain qui était connu par l'ancienne bonne de la victime et par diverses autres personnes. C'est un homme de taille et de force moyennes..... Il porte un pardessus couleur café au lait clair, court, un petit chapeau rond à bords plats et un pantalon à petits carreaux. »

« L'Américain ! Taille moyenne ! Un pardessus clair ! Un chapeau rond à bords plats ! Mais c'est moi, je suis reconnu, il faut fuir. » Et aussitôt Prado se précipite au domicile d'Eugénie Forestier, rue Baudin, 11 *bis*, et sans désemparer, rassemble ses vêtements et un paquet enveloppé de papier. Il refuse de toucher au

repas préparé, court chez Ibanez, roule ses vêtements
et son paquet dans une valise que lui prête Ibanez,
s'arrête quelques instants à peine à la brasserie Zimmer, prend deux voitures, l'une pour Eugénie Forestier et Ibanez, l'autre pour lui, se jette dans l'express
de Bordeaux et disparaît en Espagne. « On dirait que
tu te sauves, » remarque Eugénie Forestier. Eugénie
Forestier disait vrai. Prado s'était reconnu dans le
signalement publié par le journal *la Nation*. Il fuyait;
il allait se cacher en Espagne, espérant déjouer les recherches de la police.

IV. « Moi me sauver! Pourquoi donc? Le crime est
postérieur à minuit, tout au moins l'assassin a quitté
après minuit l'appartement de Marie Aguétant. Or,
avant minuit, j'étais rendu au domicile d'Eugénie
Forestier, rue Baudin, 11 *bis*. »

Prado allègue donc un alibi. C'est un moyen dont il
se plaît à user. Nous retrouverons un prétendu alibi à
propos du vol de bijoux commis à Royan. Les grands
criminels invoquent d'ailleurs assez volontiers l'alibi. A
moins de circonstances exceptionnelles, nul n'observe
l'heure attentivement. Il est rare que plusieurs personnes interrogées sur l'heure précise à laquelle un fait
s'est accompli ne donnent des indications différentes;
au milieu des divergences et des contradictions sur
l'heure, un alibi est toujours spécieux.

Quelle est l'argumentation de Prado? « Suivant les
déclarations d'Eugénie Forestier, j'étais rentré chez elle

avant minuit. Le ministère public est obligé d'accepter
cette déclaration. Or, c'est seulement après minuit que
l'assassin est sorti de l'appartement de Marie Aguétant. »
J'accepte en effet la déclaration d'Eugénie Forestier.
J'admets que Prado était rentré avant minuit rue Baudin, 11 *bis*, mais je soutiens que le crime est antérieur
à minuit, que Prado a eu le temps de l'accomplir et
d'arriver avant minuit chez Eugénie Forestier.

A quelle heure Marie Aguétant est-elle rentrée le 14
janvier 1886? Quatre témoins répondent à cette question, Jeanne Richard, la concierge, veuve Rosenne,
Aline Gourmand, sœur de la concierge, Barbette Bürg.
« Il était à peu près onze heures, a déclaré Jeanne
Richard, quand Marie Aguétant a quité l'Eden-Théâtre. Il m'est impossible de préciser. » Dans le cours
de l'instruction, elle avait fourni la même donnée.
Procès-verbal du 15 janvier 1886. « Elle déclare que
hier soir, à l'Eden, vers onze heures, sans pouvoir
préciser, elle a vu Marie Aguétant partir. » 27 juillet
1888. « Dans la soirée du 14 janvier 1886, vers onze
heures ou onze heures un quart, je ne saurais affirmer
à dix minutes près, j'ai vu, comme je vous l'ai déjà déclaré, Marie Aguétant quitter l'Eden. » Confrontation.
— *Prado*. « Je voudrais que vous précisiez exactement
l'heure à laquelle Marie Aguétant est partie. Était-il
moins de onze heures? Vous comprenez que cela a
beaucoup d'intérêt pour moi. » — *Jeanne Richard*.
« Je ne puis préciser. Je causais à ce moment avec
quelqu'un et je n'ai pas bien fait attention à l'heure. »

En résume, c'est vers onze heures, sans pouvoir préciser autrement, que Jeanne Richard a vu Marie
Aguétant quitter l'Eden-Théâtre. De l'Eden-Théâtre
au numéro 52 de la rue Caumartin, la distance est
très courte, il faut au plus deux minutes. La veuve
Rosenne, concierge, s'exprime ainsi dans l'instruction. Procès-verbal du 15 janvier 1886. « Elle soutient que ce n'est pas à minuit, mais au contraire bien
plus tôt qu'à l'ordinaire et avant que le gaz, qu'on
ferme à onze heures, ait été éteint, que Marie Aguétant est revenue. » 29 juillet 1888. « Je ne puis dire
exactement quelle heure il était, c'était seulement plus
tôt que d'habitude. Je me suis dit : Tiens! elle rentre
déjà. Il devait être vers les onze heures. Le gaz était
allumé. » 8 août 1888. « Je suis convaincue qu'il était
moins de onze heures quand Marie Aguétant est rentrée. Il n'était pas beaucoup plus de dix heures et
demie. » A l'audience, ce même témoin fixe de dix
heures et demie à onze heures moins un quart l'heure
de la rentrée de Marie Aguétant. « C'était plus tôt
que de coutume, a-t-il ajouté. Aussi ai-je regardé la
pendule. » En résumé, d'après la concierge, veuve
Rosenne, Marie Aguétant était chez elle au plus tard
à onze heures. Aline Gourmand, sœur de la concierge,
donne des indications identiques. 3 août 1888. « Je
suis bien sûre qu'il n'était pas onze heures quand Marie
Aguétant est revenue avec un individu dont j'ai aperçu
seulement le bas des jambes. Je suis partie après
onze heures. En regardant à l'horloge pneumatique,

qui est boulevard Haussmann à l'entrée de la Chaussée-d'Antin, il était onze heures vingt; quand je suis
partie le gaz n'était pas éteint. » 1er septembre 1888.
« Pour moi, comme je vous l'ai déjà dit, il devait être
entre dix heures et demie et onze heures moins un quart
quand Marie Aguétant est rentrée. J'estime que j'ai
dû mettre cinq minutes pour aller de chez ma sœur au
carrefour de la Chaussée-d'Antin où est l'horloge pneumatique, c'est donc vers onze heures un quart que
j'ai quitté la rue Caumartin. » A l'audience, elle place
entre dix heures et demie et onze heures le moment
du retour de Marie Aguétant et elle ajoute que sa sœur
a fait cette remarque : « Tiens, Marie Aguétant rentre
de bonne heure aujourd'hui. » Un fait particulier permet à ce témoin de bien préciser. Il est resté chez sa
sœur tout au plus une demi-heure après la rentrée de
Marie Aguétant. De la rue Caumartin au croisement du
boulevard Haussmann et de la rue de la Chaussée-
d'Antin, cinq minutes suffisent; au carrefour du boulevard Haussmann et de la rue de la Chaussée-d'Antin,
l'horloge pneumatique marquait onze heures vingt.
Donc, c'est certainement avant onze heures que Marie
Aguétant a frappé à la loge du concierge.

Ces témoignages sont-ils infirmés, contredits par
celui de Barbette Bürg, bonne de Marie Aguétant?
Assurément non. Qu'importe que le 15 janvier, lors
de la découverte du crime, elle « se souvienne qu'il
était minuit quand sa maîtresse est rentrée? » Le procès-verbal du juge d'instruction constate que la domes-

que Barbette Bürg « est dans un état de véritable
stupeur et qu'il est impossible d'en tirer aucun rensei-
gnement précis. » Qu'importe encore que le 27 juillet
1888, à l'instruction, elle dise « vers onze heures et
demie ou minuit? » A l'audience elle a dit « vers onze
heures ou onze heures et demie. » Les indications de
ce témoin sont confuses et contradictoires; il n'a pas
de l'heure une notion bien nette et cela s'explique par
un double motif. Aucun fait particulier n'a attiré son
attention sur l'heure. D'autre part, il est d'intelligence
bornée, ainsi que l'attestent plusieurs personnes dans
l'instruction. Mais il est inutile d'insister sur ce dernier
point; vous avez pu vous convaincre vous-mêmes à
l'audience, messieurs les Jurés.

Que résulte-t-il, en résumé, de ces divers témoignages? Jeanne Richard ne peut préciser, Barbette Bürg
ne donne pas en réalité d'indications quant à l'heure.
Seuls, les témoignages de la concierge et de sa sœur,
Aline Gourmand, ont de l'importance. D'abord ils concordent, ensuite l'heure a été fixée dans l'esprit de ces
témoins par des particularités : Marie Aguétant rentre
plus tôt que de coutume, Aline Gourmand remarque
l'heure à l'horloge pneumatique du carrefour du boulevard Haussmann et de la rue de la Chaussée-d'Antin.

L'accusation peut donc tenir pour certain que Marie
Aguétant était rendue dans son appartement à onze
heures au plus tard.

Que se passe-t-il dans la maison à partir de onze
heures? Deux faits seulement sont établis : 1° Aline

Gourmand part à onze heures et quart. Peu d'instants après, la concierge, sa sœur, éteint le gaz et se met au lit. 2° Mlle Malebranche rentre à onze et demie, le gaz était éteint. « Je quitte très exactement la maison où je travaille et je suis bien sûre d'être rentrée à onze et demie; le gaz était éteint. » C'est en ces termes que ce témoin s'est exprimé à l'instruction le 16 août 1888 et à l'audience.

A partir de onze heures et demie, ce ne sont plus dans la maison qu'allées et venues. Plouget quitte le concert de la Pépinière à onze heures et demie; il rentre vers minuit. Leclerc et sa sœur, la dame Massé, reviennent en voiture du théâtre de la Gaîté. Les bonnes du propriétaire, Marie Prévost et Léonie Marceau, regagnent leur chambre vers une heure. Plus tard ou dans l'intervalle, Barbette Burg descend causer à la concierge. B... arrive à trois heures. Ces allées et venues provoquent des bruits de toute sorte : des coups sont frappés à la loge du concierge, un parapluie tombe, l'une des bonnes du propriétaire trébuche dans l'escalier. Pendant ce laps de temps que fait la concierge? Elle ne le sait guère. Le gaz éteint aussitôt après le départ de sa sœur, à onze heures et quart, elle se couche, sommeille et tire machinalement le cordon. N'a-t-elle pas résumé très exactement sa déposition en disant? « Il est assez difficile de se rendre compte à une demi-heure près de ce qui se passe quand on sommeille. » Ainsi, à partir de onze heures et demie, il n'y a plus que confusion, incertitude, trouble, bruit.

Écartons donc les faits postérieurs à onze heures et demie, ils sont sans intérêt, sans rapport direct avec l'accusation.

A quelle heure Prado était-il rendu rue Baudin, 11 *bis?* Voici les déclarations d'Eugénie Forestier. 9 mai 1888. « Quand Prado est rentré, était-il onze-heures et demie, minuit moins un quart, je ne saurais le dire, mais il n'était certainement pas encore tout à fait minuit. » 8 août 1888. « Êtes-vous bien sûre de l'heure à laquelle il est rentré? » — « Parfaitement, il pouvait être minuit moins cinq, mais il n'était pas plus de minuit. Je vous l'ai dit dès les premiers jours et mes souvenirs sont bien précis. » 27 août 1888. « J'affirme qu'il n'était pas plus de minuit moins cinq, car minuit a sonné à la pendule du salon quelques instants à peine après qu'il était rentré. La pendule allait très bien. Je ne puis préciser l'heure de sa rentrée à une minute près, mais il y avait très peu de temps qu'il était de retour, quand j'ai entendu sonner minuit. »

En résumé, Prado est arrivé rue Baudin, 11 *bis,* quelques minutes avant minuit. Disons à minuit moins cinq. Je tiens le fait pour constant. Qu'il me soit cependant permis de présenter deux observations. Ce n'est pas à une horloge ou à la pendule d'un appartement voisin qu'Eugénie Forestier a entendu sonner l'heure de minuit. La pendule n'est même pas dans la chambre. Prado, préoccupé de se ménager un alibi, n'aurait-il pas pu, en passant par la salle à manger, retarder la pendule? N'a-t-il pas eu soin, d'ailleurs, d'appeler l'attention d'Eugénie Forestier sur l'heure de sa rentrée, précaution que ne manquent jamais de prendre les criminels désireux de plaider l'alibi?

Mais passons. Prado, je l'admets, est à minuit moins cinq rue Baudin, 11 *bis*. Quel laps de temps lui faut-il pour parcourir la distance qui sépare le numéro 52 de la rue Caurmartin du numéro 11 *bis* de la rue Baudin? Un procès-verbal dressé par le commissaire de police donne les indications suivantes : « Voiture, trot ordinaire, plutôt lent, huit minutes; pas accéléré, alterné avec le pas gymnastique, douze minutes; bon pas accéléré, treize ou quatorze minutes. » Dès lors, pour arriver rue Baudin, 11 *bis*, à minuit moins cinq, Prado doit partir du numéro 52 de la rue Caumartin, en voiture, à minuit moins treize, au pas accéléré, alterné avec le pas gymnastique à minuit moins dix-sept, au bon pas accéléré à minuit moins dix-huit ou moins dix-neuf. Étant donnée l'agilité de Prado, on doit aisément admettre qu'il a pris le pas accéléré alterné avec le pas gymnastique; donc, en compte rond, il suffit que Prado se soit enfui de l'appartement de Marie Aguétant, rue Caumartin, numéro 52, à minuit moins un quart ou à minuit moins vingt minutes. Il était arrivé chez Marie Aguétant à onze heures au plus tard. Il a donc eu trois quarts d'heure ou quarante minutes à sa disposition. C'était bien plus de temps qu'il n'en fallait pour l'assassinat et le vol.

La scène a été immédiate et rapide. Les procès-verbaux de constat dressés par le commissaire de

police et par le juge d'instruction dès la découverte du
crime, les déclarations de la bonne, Barbette Bürg,
et de B..., l'amant, permettent de la décrire exactement. Pendant que la bonne découvre le lit. prépare
les objets nécessaires à la toilette de nuit, Marie Aguétant se déshabille. Quand la bonne sort de la chambre,
Marie Aguétant n'a plus que ses jupons. Le cadavre
portait seulement la chemise, les bas et une pantoufle.
Donc, Marie Aguétant n'avait pas achevé de se dévêtir.
Le lit n'est pas défait. Le corps ne présente aucune
trace de lutte. La mort a été foudroyante, instantanée.
Donc Marie Aguétant a été frappée quelques instants
après son entrée dans la chambre, aussitôt après la
sortie de la bonne. Un seul meuble a été fouillé,
l'armoire à glace : la clef placée dans la serrure a permis
d'ouvrir aussitôt. Vider les écrins, éventrer d'un coup
de rasoir le sac contenant les valeurs et l'argent,
c'était l'affaire d'un instant. En moins d'un quart
d'heure, les péripéties de l'assassinat et du vol se sont
déroulées. Or, Prado, nous l'avons démontré, avait à
sa disposition trois quarts d'heure ou quarante minutes.

Concluons. Arrivé au plus tard à onze heures dans
l'appartement de Marie Aguétant, Prado pouvait
aisément consommer l'assassinat et le vol, épier un
moment favorable et s'échapper à minuit moins vingt
ou à minuit moins un quart, de manière à être rendu
à minuit moins cinq rue Baudin, 11 *bis*, au domicile
d'Eugénie Forestier. Il convient dès lors de ne pas

s'attarder davantage à la discussion d'un alibi. Repre-
nons l'ordre chronologique des faits.

V. Dans la soirée du samedi 16 janvier, Prado part
pour l'Espagne par l'express de Bordeaux; il emporte
avec lui les bijoux de Marie Aguétant.

Deux circonstances révélées par l'instruction et par
les débats, insignifiantes en apparence, ont dû cependant, messieurs les Jurés, frapper votre attention.
Prado prend au domicile d'Eugénie Forestier, indépendamment de ses vêtements, un paquet enveloppé
de papier; chez Ibanez, il glisse le tout dans une
valise, puis, au sortir de la brasserie Zimmer, monte
seul dans une voiture. Eugénie Forestier et Ibanez
l'accompagnent à la gare dans une autre voiture.
Que contenait ce paquet enveloppé de papier? Pourquoi Prado s'isole-t-il dans une voiture? Son but,
c'est de cacher sans témoins, dans la valise, au milieu
des vêtements, les bijoux de Marie Aguétant. Nous
allons suivre aisément en Espagne la trace de ces
bijoux.

Au cours de l'information, Mauricette Couronneau
et Eugénie Forestier avaient fait des révélations intéressantes. A plusieurs reprises, Prado s'était vanté de
posséder des bijoux en Espagne. « J'ai vu, disait Mauricette Couronneau, les mots : « Platerio, plazza
Mayor » sur l'enveloppe d'une lettre adressée par
Prado à Madrid et qu'il fit porter par ma sœur à la
poste, à Bordeaux. » « Prado m'a raconté, déclarait à

son tour Eugénie Forestier, que les bijoux volés à Marie Aguétant avaient été confiés par lui, quelques-uns
à un ancien officier de l'armée espagnole, la plupart à un
bijoutier de Madrid dont il avait courtisé la fille. Je me
souviens que Prado m'a montré la photographie de cette
jeune fille ; je me souviens aussi qu'il reçut un jour, à
Paris, une lettre de Madrid portant les mots : « Comercio de oro, plazza Mayor. » Coïncidence singulière !
A des époques différentes, dans des lieux distincts, dans
des circonstances sans rapport entre elles, des mots à
peu près identiques, correspondant à une même adresse
à Madrid, avaient frappé l'attention de Mauricette
Couronneau et d'Eugénie Forestier, si bien qu'ils
étaient restés gravés dans leur esprit. « Qu'est devenue la lettre à laquelle vous faites allusion ? » demande
le juge d'instruction. « Peut-être, répond Eugénie
Forestier, en retrouverait-on quelques fragments dans
ma chambre. » Le juge d'instruction se transporte le
lendemain, 26 mai, au dernier domicile d'Eugénie
Forestier, rue Saint-Georges, numéro 46, et il saisit
dans une malle un fragment de lettre portant cet
en-tête : « Comercio de oro, plata y pedreria, 2, Ciudad Rodrigo, Madrid. » Ce fut un trait de lumière.
On tenait la piste des bijoux.

Aussitôt M. le juge d'instruction Guillot adresse par
la voie diplomatique des commissions rogatoires à
l'autorité espagnole. Qu'est-ce donc qu'une commission rogatoire ? C'est la commission donnée à un juge
d'un autre siège ou d'un autre pays de procéder à

quelque acte de l'ordre civil ou criminel. On conçoit
aisément qu'un juge français n'a pas qualité pour faire
des actes d'instruction en dehors de son ressort et, à
plus forte raison, sur un territoire étranger. Mais les
commissions rogatoires ne peuvent prévoir toutes les
hypothèses. M. le juge d'instruction Guillot comprend
la nécessité de se rendre en Espagne pour fournir
verbalement à l'autorité espagnole les indications utiles.
Avec l'assentiment de M. le garde des Sceaux, il part
pour Madrid. Agissant ainsi, M. le juge d'instruction Guillot n'innovait certes pas; ne voit-on pas de
temps à autre le juge d'instruction ou le procureur de
Bruxelles se transporter à Paris afin d'assister les magistrats français chargés de l'exécution de commissions
rogatoires? M. le juge d'instruction Guillot allait donc
à Madrid uniquement pour fournir des renseignements
à l'autorité espagnole et seconder ses efforts. Est-il
besoin d'ajouter que M. Guillot, magistrat français,
ne pouvait songer à accomplir sur le territoire espagnol
un acte quelconque d'instruction? L'instruction proprement dite était exclusivement de la compétence de
l'autorité espagnole. Ces explications de droit et de
fait montrent combien est dépourvue de portée juridique l'incident soulevé au cours des débats par Prado
et par son défenseur et qui tendait à faire écarter du
débat la procédure suivie en Espagne.

Le Gouvernement espagnol, par déférence pour le
Gouvernement français, charge de l'exécution des
commissions rogatoires le chef du service de la sûreté.

Celui-ci se rend plazza Mayor, 2, Ciudad Rodrigo. Là se trouve en effet une petite boutique de bijouterie. Il est reçu par Mme Julia Cordoba y Noguès, femme d'Antonio Ximenès. (Ce dernier a quitté Madrid dans le courant de l'année 1887, et il a été impossible de retrouver sa trace.) Montrant une photographie de Prado : « Connaissez-vous cette photographie? »

« Assurément. C'est la photographie de M. le comte Linska de Castillon. »

« Comment le savez-vous? »

« M. le comte Linska de Castillon est venu nous voir à plusieurs reprises dans le courant du mois de janvier 1886. Il a même courtisé une de mes filles, Purita, et nous a laissé sa photographie. »

« Avez-vous conservé cette photographie? »

« La voilà. Elle porte quelques mots aimables écrits de la main du comte. Voici en outre une photographie de ma fille. »

« A quelle occasion M. le comte Linska de Castillon est-il venu chez vous? »

« Au mois de janvier 1886, le comte Linska de Castillon, accompagné d'un autre monsieur, gros, de petite taille (c'est précisément, messieurs les Jurés, José Garcia Jimeno, le singulier témoin que vous avez entendu à une précédente audience) est venu trouver mon mari et lui a proposé la vente de bijoux pour 30,000 réaux (7,500 fr.). Nous avons refusé. Il a demandé si nous ne nous chargerions pas de mettre ces bijoux en gage. Mon mari a accepté. »

« Reconnaîtriez-vous ces bijoux au signalement? »
Le chef de la sûreté lit le signalement des bijoux de
Marie Aguétant.

« Je me rappelle seulement, mais parfaitement, une
montre à remontoir émaillée avec des brillants, un
peigne en écaille avec seize brillants et roses, deux
épingles pour cheveux en écaille avec les brillants, un
collier de brillants et roses pareil au dessin qui m'est
exhibe (c'était le dessin du collier fourni par la maison
Fontana, Palais-Royal, Paris), un bracelet en or for-
mant deux arcs (cercles); sur l'un il y avait une mar-
guerite en brillants et sur l'autre une fleur avec un
saphir. »

« Avez-vous quelques documents relatifs à ces bijoux? »

« Je crois que mon mari a reçu plusieurs lettres de
M. le comte Linska de Castillon. Je m'en vais faire des
recherches. »

Quelques instants après, Mme Julia Cordoba y Noguès remet au chef de la sûreté quatre lettres adressées à son mari par le comte Linska de Castillon,
datées de Bordeaux et de Saragosse, 7 février, 6
avril, 10 juillet 1886, 2 février 1887. Il est inutile de
les lire, le texte est littéralement reproduit dans l'autographie placée sous vos yeux, pages 107, 114, 115,
118. Elles se réfèrent, ainsi qu'une autre lettre datée
du 27 janvier 1887 et reproduite à l'autographie page
116, aux bijoux confiés par Prado à Antonio Ximenès.

Le chef de la sûreté poursuit l'interrogatoire.

« Savez-vous ce que sont devenus les bijoux? »

« Je l'ignore. Je crois me souvenir cependant que l'un de ces bijoux, un peigne en écaille avec brillants, a été engagé rue Montera, numéro 41. »

Le chef de la sûreté se transporte aussitôt rue Montera, numéro 41, et il relève sur le registre de cette maison de prêts sur gages, au feuillet numéro 15, recto, sous le numéro 1884, à la date du premier février 1886, l'engagement d'un peigne en écaille avec brillants pour la somme de 800 réaux (200 fr.) au nom de José Garcia Jimeno, domicilié rue de la Cebada, numéro 5.

« José Garcia Jimeno! Ce nom-là ne m'est pas inconnu, dit le consul de France à M. le juge d'instruction Guillot qui l'entretenait de la découverte si importante que venait de faire M. le chef de la sûreté. Je crois avoir reçu, dans le courant de l'année dernière, la visite d'un individu de ce nom qui offrait de révéler, moyennant une prime, le nom de l'auteur d'un assassinat commis à Paris. Je l'ai renvoyé à M. l'ambassadeur de France à Madrid. » On fait des recherches et on trouve quatre lettres signées José Garcia Jimeno, demeurant à Madrid, calle de la Cebada, 5, adressées aux mois d'avril, mai, juin 1887, l'une à l'ambassadeur de France, à Madrid, les trois autres au préfet de police, à Paris.

Il importait d'interroger José Garcia Jimeno. Sans hésitation aucune, sans réticences, il raconte au chef de la sûreté ce qui suit. « J'ai effectivement engagé le premier février 1886, rue Montera, numéro 41, un peigne en écaille avec brillants. Ce peigne m'avait été confié par le comte Linska de Castillon, au mois de janvier 1886. Le comte était porteur de nombreux et riches bijoux. Je l'ai accompagné, 2, Ciudad Rodrigo, plazza Mayor, dans une boutique où on s'est chargé d'engager la plupart de ces bijoux. »

« Pourriez-vous esquisser le dessin du peigne en écaille avec brillants et roses que vous avez engagé et aussi le dessin de quelques-uns des principaux bijoux que vous avez vus aux mains du comte Linska de Castillon ? »

« Très volontiers. »

Et aussitôt, José Garcia Jimeno esquisse quatre dessins, le dessin du peigne en écaille, le dessin d'un bracelet, le dessin d'une montre, le dessin d'une aiguille ou épingle de cravate en forme de poignard. Ces quatre dessins sont au dossier, messieurs les Jurés, et vous ont été représentés pendant le cours des débats.

« Comment connaissez-vous le comte Linska de Castillon ? »

« Je suis le compatriote de sa femme, Dolorès Garcès y Marcilla, originaire, comme moi, de Calatayud, province de Saragosse. »

« Donnez-nous son adresse. »

« Calle de los Estudios, numéro 17, aux mansardes. »

Interrogée par le chef de la sûreté, Dolorès Garcès y Marcilla raconte que, dans le courant des mois de janvier et de février 1886, son mari, le comte Linska

de Castillon, est venu la voir deux ou trois fois et lui
a donné une bague et une épingle en or à cheveux ou
pour chapeau, forme abeille ailes déployées, mais
qu'elle a dû vendre ces bijoux pour payer le loyer de
sa mansarde. Toutefois elle esquisse un dessin de
l'épingle. Ce dessin est au dossier.

Nanti de la photographie du comte Linska de Castillon, ainsi que la photographie de Purita Ximenès
et des lettres adressées par Prado à Antonio Ximenès,
photographies et lettres que Mme Julia Cordoba y Noguès avait remises au chef de la sûreté, nanti également des dessins de bijoux esquissés par José Garcia
Jimeno et par Dolorès Garcès y Marcilla, M. le juge
d'instruction Guillot retourne à Paris. La photographie de Purita Ximenès est montrée à Eugénie Forestier ; les dessins des bijoux sont présentés à la femme
Parent, couturière habituelle de Marie Aguétant, à
B... son amant. Eugénie Forestier reconnaît la photographie de Purita Ximenès ; la femme Parent et B...
reconnaissent que les dessins se rapportent aux bijoux de Marie Aguétant.

L'instruction avait fait un pas décisif. Il était établi :
1° que, pendant son séjour en Espagne, aux mois de
janvier, février 1886, Prado avait disposé d'un grand
nombre de riches bijoux ; 2° que ces bijoux étaient
semblables à ceux de Marie Aguétant.

Les bijoux de Marie Aguétant sont énumérés et
décrits aux pages 1 et 2 de l'autographie que vous avez
sous les yeux. Pour abréger, je limiterai mes observa-

tions à quatre d'entre eux qui présentent des particularités caractéristiques et ont en quelque sorte une
individualité : peigne en écaille avec seize brillants et
roses, épingle de cravate ou de chapeau forme poignard avec rubis, montre à remontoir émaillée en bleu
avec des brillants, épingle à chapeau en or avec une
abeille, les ailes ouvertes, garnies de brillants et le
corps en rubis.

1° Peigne en écaille avec seize brillants et roses.

C'est le peigne engagé le premier février 1886 par
José Garcia Jimeno, rue Montera, numéro 41. José
Garcia Jimeno a tracé un dessin que voilà. B... et
la femme Parent affirment dans l'instruction et à l'audience que la ressemblance est grande, presque parfaite.

2° Épingle de cravate ou de chapeau forme poignard
avec rubis.

Deux dessins sont au dossier faits l'un par José
Garcia Jimeno, l'autre par B.... Ils concordent, et la
femme Parent reconnaît sans aucune hésitation à ces
dessins les bijoux de Marie Aguétant. Notons que cette
épingle avait été donnée par B... à Marie Aguétant et
que, dès lors, il était parfaitement en mesure de la
décrire avec précision.

3° Montre à remontoir, émaillée en bleu avec des
brillants.

Sans doute une montre à remontoir n'est pas un
objet rare, mais la montre à remontoir de Marie Aguétant était émaillée. Or, voici que José Garcia Jimeno,

de lui-même, spontanément, sans qu'aucune question
eût attiré son attention sur ce point, a écrit au bas du
dessin, (je lis textuellement) : « Cette montre est celle
qui était émaillée par derrière. » Bien plus, l'émail
de la montre de Marie Aguétant était légèrement
ébréché à gauche. C'est B... qui a fourni ce détail,
donnant ainsi une importance exceptionnelle à cette
indication d'Eugénie Forestier : « Prado m'avait signalé, dit-elle dans l'instruction, parmi les bijoux de
Marie Aguétant, une petite montre à remontoir émaillée, dont l'émail bleu présentait une légère éraflure. »
Cette coïncidence frappe tellement le juge d'instruction
qu'il croit devoir interroger à nouveau Eugénie Forestier. 27 août 1888. « Êtes-vous bien certaine qu'il
vous ait parlé d'une petite montre dont l'émail bleu
était abîmé? » — « Bien sûre. »

4° Épingle à chapeau en or avec une abeille, les ailes
ouvertes, garnies de brillants et le corps en rubis.

Cette épingle fut donnée au mois de janvier 1886
par Prado à sa femme Dolorès Garcès y Marcilla. Au
dire de B... et de la femme Parent, le dessin remis
par Dolorès Garcès y Marcilla reproduit le bijou de
Marie Aguétant. Voici, d'autre part, comment s'exprime dans l'instruction en Espagne Dolorès Garcès y
Marcilla. 11 juillet 1888. « Une épingle pour les
cheveux ou pour le chapeau, d'une longueur de plus
de trois pouces environ. Le bout de cette épingle
formait une abeille ou une grande mouche avec étin-
celles en diamant. » 2 août 1888. « Une épingle en

or émaillée avec brillants qui avait la forme d'une abeille. » Peut-on douter un instant qu'il s'agisse du bijou de Marie Aguétant quand on lit au signalement : « épingle à chapeau en or avec une abeille, les ailes ouvertes, garnies de brillants et le corps en rubis? »

En résumé, un témoin, Julia Cordoba y Noguès, reconnaît au signalement des bijoux de Marie Aguétant, dont lecture lui est donnée par le chef de la sûreté, la plupart des bijoux apportés par Prado à Antonio Ximenès, son mari; deux autres témoins, José Garcia Jimeno, Dolorès Garcès y Marcilla décrivent les bijoux qu'ils ont reçus de Prado : la description, les dessins se rapportent exactement aux bijoux de Marie Aguétant; ce sont les personnes de l'entourage de Marie Aguétant, sa couturière habituelle, son amant qui l'affirment.

« Simple coïncidence, dira Prado; bijoux et bijoux se ressemblent. Que valent des dessins faits de mémoire deux ans et demi après que les bijoux ont disparu? Comment peut-on sérieusement prétendre qu'on reconnaît tel ou tel bijou sur un dessin grossier? »

Sans doute, l'accusation ne représente pas les bijoux eux-mêmes. Ils ont disparu, deux ans et demi se sont écoulés entre le départ de Prado pour l'Espagne et le voyage de M. le juge d'instruction Guillot à Madrid. Mais comment attribuer au pur effet du hasard cette concordance parfaite entre les descriptions détaillées données par les témoins d'Espagne et les souvenirs des

témoins de Paris? Qu'on le remarque bien d'ailleurs.
Tandis que Julia Cordoba y Noguès, femme d'Antonio
Ximenès, s'est bornée à répondre qu'elle reconnaissait
tel ou tel bijou sur la liste et au signalement qu'on lui
soumettait, José Garcia Jimeno et Dolorès Garcès y
Marcilla, au contraire, n'ont jamais connu le signalement des bijoux de Marie Aguétant. On le leur a
soigneusement caché et ils ont fourni leurs indications,
tracé les dessins de mémoire, en faisant appel à leurs
seuls souvenirs.' Comment comprendre que quatre
témoins, l'un en Espagne, les trois autres en France
s'accordent pour signaler une petite montre à remontoir émaillée? Comment se fait-il que, l'émail de la
montre portant une légère éraflure, cette particularité
tellement significative ait pu être révélée au cours de
l'instruction par Eugénie Forestier qui n'a jamais
connu ni Marie Aguétant, ni une personne quelconque
de l'entourage de Marie Aguétant, ni José Garcia
Jimeno? Pourquoi Prado part-il pour l'Espagne précisément au lendemain de l'assassinat? Pourquoi quitter Paris? Paris, bien mieux que Madrid, offrait toute
facilité pour l'écoulement des bijoux. Mais les journaux
de Paris avaient publié le signalement des bijoux de
Marie Aguétant. Prado pouvait-il sans imprudence
tenter la vente à Paris? En Espagne, à Madrid, ses
agissements devaient passer inaperçus.

Quelles explications Prado a-t-il fournies au cours
de l'instruction? Il importe de lire ses interrogatoires
en entier. (Il s'agit seulement de ceux qui ont trait à la

question des bijoux.) Les monsonges, les contradictions, les invraisemblances se pressent, s'accumulent.

Premier interrogatoire. 25 mai 1888.

– « N'avez-vous pas, pendant votre voyage en Espagne, fait la cour à la fille d'un bijoutier? »

« Je ne me le rappelle pas. »

« Il devait demeurer plazza Mayor. »

« Je ne l'ai pas connu. »

« Ainsi, vous affirmez que vous n'avez jamais été en rapport avec un bijoutier demeurant plazza Mayor? »

« Oui, monsieur. »

Deuxième interrogatoire. 29 mai 1888.

« Veuillez vous expliquer au sujet d'un bijoutier de Madrid dont vous aviez demandé la fille en mariage. »

« Je ne sais pas ce que cela veut dire. »

« Avez-vous été en relations avec un bijoutier de Madrid? »

« Non, monsieur. »

« Vous en êtes bien sûr? »

« Oui, monsieur. »

« Vous ne lui avez jamais écrit? »

« Jamais. »

« Par bijoutier, nous entendons marchand d'or, de pierreries, de diamants. »

« Je n'en connais aucun. »

« Depuis que vous êtes venu à Paris et que vous avez
vécu avec la fille Forestier, avez-vous vendu ou engagé
des diamants en Espagne. »

« Jamais. »

« Vous entendez bien ma question? Il n'y a pas
d'équivoque. »

« Non, je dis bien. Jamais. »

« Connaissez-vous un marchand d'or qui reste à Madrid, Ciudad Rodrigo? »

« Oui, je le connais. »

« Vous disiez tout à l'heure que vous n'en connais-
siez pas. »

« Je connais tout le monde à Madrid. »

« Quels rapports avez-vous eus avec ce négociant? »

« Quand je suis allé à Madrid, en 1886, je l'ai rencontré deux ou trois fois au café. Je ne lui ai montré ni
bijoux, ni diamants. »

« Lui avez-vous écrit depuis? »

« Oui, pour lui demander de ses nouvelles et il m'a
répondu. »

Troisième interrogatoire. 7 juin 1888.

« Quel est le bijoutier dont Mauricette Couronneau
a vu un jour l'adresse sur un morceau d'enveloppe? »

« Je ne sais pas ce qu'elle a voulu dire. »

« N'avez-vous jamais écrit à aucun bijoutier, soit
pour vendre, soit pour engager des bijoux? »

« Jamais je n'ai écrit. »

« Vous l'affirmez ? »

« Oui, monsieur. Je vous l'assure. »

Voilà le premier système : dénégations absolues.
C'est tout au plus si, pressé de questions, Prado veut
bien reconnaître qu'il a eu quelques rapports avec un
négociant de Madrid ; ces rapports ont été d'ailleurs
purement accidentels, sans aucune importance ; en tous
cas, il n'a jamais été question de diamants ou de bijoux.

Pendant que se poursuivaient ces premiers interrogatoires, Prado ignorait que la prévention d'assassinat sur la personne de Marie Aguétant fût relevée
contre lui, mais quelques jours après, le 20 juin, se
produit un incident décisif. Une amie intime de Marie
Aguétant, Jeanne Fontanier, se mourait, atteinte de
phthisie. Reconnaîtrait-elle Prado ? L'avait-elle vu en
compagnie de Marie Aguétant ? Était-il le petit Américain, le Petit-Gris, celui des Solitaires ? Il fallait se
hâter, car Jeanne Fontanier avait fourni à l'instruction,
le lendemain du crime et le 26 mai 1888, sur l'assassin
présumé de Marie Aguétant, des indications détaillées,
précises, qui se rapportaient exactement au signalement, aux habitudes de Prado. La confrontation a lieu
le 20 juin. Jeanne Fontanier, fascinée par Prado, « en-
veloppée par ses paroles doucereuses, » — ce sont les
termes mêmes du procès-verbal, — se trouble, hésite.
Elle croit le reconnaître, elle n'ose pas affirmer cependant. Elle retombe épuisée, presque inanimée sur son
lit. Mais quelques heures après, quand Prado et le

juge se-sont retirés, elle s'écrie à plusieurs reprises,
devant sa bonne, témoin que vous avez entendu :
« C'est lui, c'est bien lui. Il y a dans son regard quelque chose qui me poursuit! »

Avant de procéder à cette confrontation, le juge
avait fait connaître à Prado l'accusation d'assassinat.
Prado se rend compte que la situation devient grave.
Aurait-on par hasard retrouvé les bijoux? Sans doute,
puisque le juge d'instruction a fait allusion dans les
précédents interrogatoires à Antonio Ximenès, le bijoutier de Madrid. On va peut-être représenter les bijoux ;
peut-être même Antonio Ximenès, sa femme, José
Garcia Jimeno attendent-ils dans le cabinet du juge
d'instruction. S'enfermer plus longtemps dans des dénégations absolues, c'est se livrer ; il faut se ménager
une issue. Prado paie d'audace et voici le système qu'à
la date du 23 juin il ose exposer au juge d'instruction.

« Je ne suis pas l'auteur de l'assassinat. Cependant,
aujourd'hui que vous faites peser sur moi une accusation si grave et si imprévue, j'aime encore mieux reconnaître une chose que j'ai eu le tort de faire que de
me laisser soupçonner de ce que je n'ai pas fait. Je
vous avais déclaré que je n'avais ni vendu ni engagé
des bijoux en Espagne et que l'argent dont j'avais pu
disposer à l'époque de mon voyage, soit pour mes dé-
penses personnelles, soit pour en envoyer un peu à
Eugénie Forestier et à Ibanez, me venait de l'obli-
geance de mes amis. Cela n'était pas exact..... Si les bi-

joux de la femme assassinée ont été dans mes mains,
ce que j'ignore, c'est par *une sorte de fatalité* que je
vais vous expliquer bien franchement. J'avais quitté
Paris dans les conditions que vous savez. A la gare de
Bordeaux, j'ai rencontré un individu *à peu près comme
moi,* mais un peu plus grand. Il m'a dit qu'il venait de
Paris. Nous avons échangé quelques mots au buffet. Je
l'ai retrouvé à Irun. Il était très embarrassé et ne parlait
pas un mot d'Espagnol. Il allait, disait-il, à Lisbonne
pour s'embarquer. Nous avons déjeuné ensemble. Il a
pris un billet de seconde classe pour Madrid et moi j'ai
pris un billet de même classe pour Saragosse. Nous
sommes montés dans le même wagon. Nous avons fini
par nous trouver seuls. Je suis descendu à la station de
Alsacua où est l'embranchement de Saragosse. Je lui ai
volé sa valise. Il était soûl comme un Polonais. Je
l'avais aidé à se griser pour le voler. Je ne savais pas
ce qu'il y avait dans sa valise. J'y ai trouvé une quantité
de bijoux de femme en diamants ; deux montres, trois ou
quatre épingles, un collier en diamants, un bracelet. Je
ne puis vous donner exactement le signalement de ces
bijoux, mais je crois me rappeler que le collier était
à peu près du dessin que je viens de faire sous vos
yeux. Je n'ai pas vendu ces bijoux ; je les ai simplement engagés·pour 2,250 francs chez Antonio Ximenès, dont le magasin est plazza Mayor, 2, Ciudad Rodrigo. Ce sont ces lettres que Mauricette Couronneau
a vues. »

Interrogatoire définitif. Août 1888.

« Êtes-vous décidé à soutenir qu'en quittant Paris vous n'aviez pas encore entre les mains les bijoux que vous avez vendus en Espagne? »

« Je vous ai dit la vérité; c'est bien dans le chemin de fer que j'ai eu ces bijoux sans en connaître la provenance. »

« Ainsi, il est bien entendu que personne à Paris ne vous a remis les bijoux. Vous comprenez qu'en faisant cette réponse, vous écartez la possibilité d'insinuer à la dernière heure que vous ne seriez que le complice d'un individu que vous ne voudriez pas faire connaître. »

« Je saisis toute la portée de ma réponse. C'est bien en chemin de fer, comme je vous l'ai dit, que j'ai eu les bijoux. »

Admirez, messieurs les Jurés, comme tout est prévu! Le juge d'instruction produit-il les bijoux? Antonio Ximenès, sa femme, José Garcia Jimeno viennent-ils déclarer que ces bijoux leur ont été livrés par Prado? Prado pourra faire bonne contenance. Les bijoux qu'il a volés appartenaient à Marie Aguétant! C'est l'assassin qu'il a rencontré en wagon et dévalisé!..... Simple coïncidence, fatalité si l'on veut. Essaiera-t-on de prétendre que ce voyageur était précisément Prado? Mais l'erreur est possible, puisque ce voyageur ressemblait à Prado.

C'est trop d'habileté, Prado. L'excès d'habileté confine à la maladresse ; vous vous être trahi.

A l'audience, changement de front. Prado sait que les bijoux n'ont pas été retrouvés. Qu'a-t-il à craindre dès lors ? L'argument des bijoux échappe à l'accusation. Aussi avec quelle désinvolture il jette par-dessus bord le système précédemment proposé ! « Ce prétendu vol est de pure invention, dit-il. Je me suis moqué du juge d'instruction. La vérité la voici : Les bijoux que j'ai portés en Espagne m'appartenaient. Ce sont des bijoux de famille que j'avais depuis déjà longtemps recueillis dans la succession de ma mère. » Des bijoux de famille ! Des bijoux qui étaient en votre possession bien avant votre départ pour l'Espagne ! Mais pourquoi ne pas fournir plus tôt cette indication si utile à votre défense ? Pourquoi vous attarder à des explications fantaisistes ? Pourquoi n'avez-vous pas fait argent des bijoux quand la misère vous étreignait, quand vous étiez réduit à la mendicité ? Pourquoi les avez-vous emportés en Espagne, précisément au lendemain de l'assassinat de Marie Aguétant ?

Non moins étrange, non moins accablante est l'attitude à l'audience des témoins espagnols. Julia Cordoba y Noguès, malade, — un certificat médical dûment légalisé et régulièrement transmis par l'ambassade l'atteste, — n'a pu comparaître. Dolorès Garcès y Marcilla et José Garcia Jimeno rétractent les déclarations que le chef de la sûreté à Madrid avait recueillies. Quels bijoux Dolorès Garcès y Marcilla a-t-elle reçus

de Prado dans le courant des mois de janvier et février 1886? « Mes souvenirs sont confus, » dit-elle. —
« Mais, le dessin que voilà, ce dessin qui représente
une épingle à cheveux ou pour chapeau, forme abeille
ailes déployées, il est de votre main. » — « Sans doute,
mais je l'ai tracé d'imagination bien plus que de mémoire. » — « Prado a dilapidé votre fortune; mauvais traitements, outrages, abandon, aucune douleur,
aucune humiliation ne vous a été épargnée. » — « Non,
monsieur. Mon mari était bon pour moi. » — « Que
signifient donc ces lettres que vous avez adressées à
Prado, au juge d'instruction? Elles sont navrantes;
votre existence en commun avec Prado durant trois
années environ paraît n'avoir été qu'un martyre. Vous
indiquez même qu'à plusieurs reprises, Prado a tenté
de se débarrasser de vous par le crime. » — « J'ai écrit
ces lettres sous l'empire de la jalousie. Je les désa-
voué aujourd'hui. » Pauvre femme! sa douleur est si
poignante qu'on la prend en pitié. Faut-il lire ses
lettres? Non sans doute. M. le président en a donné
lecture et l'impression produite n'a pu s'effacer. Permettez-moi cependant de détacher quelques lignes de
la lettre en date du 16 août 1888. « Malheureux jour,
Louis, que celui où tu m'as retrouvée, il y a deux ans
et demi! Je ne regrette pas de t'avoir vu. Je regrette
le souvenir que tu m'as laissé d'*une épingle qui était
une abeille* et d'une bague. N'en doute pas. J'étais si
pauvre qu'à l'instant, avec peine de ma part, j'étais
obligée de me défaire de ton cadeau, le vendant pour

dix douros. J'avais à payer ma misérable mansarde et à manger. Aujourd'hui je le regrette beaucoup. J'aurais voulu l'avoir pour le présenter à M. le juge. Malheureusement je ne peux le faire. *Je frémis quand je pense à sa provenance.* Jamais je n'aurais cru que tu aurais tant de courage et de *si mauvais instincts.* »

Et José Garcia Jimeno! Il paraît surpris qu'on l'amène à la barre des témoins. Pour quel motif sa présence a-t-elle été demandée par l'accusation? Il ne sait rien de l'affaire. Vainement on lui rappelle ses déclarations au chef de la sûreté à Madrid; vainement on lui montre les dessins qu'il a tracés et remis lui-même. Tout cela n'est qu'un rêve. Faux témoin! Si sa qualité d'étranger ne m'avait semblé le couvrir d'une sorte de sauf-conduit, je l'aurais fait arrêter séance tenante. Au surplus, n'est-il pas excusable dans une certaine mesure? Il redoute la vengeance sans merci de Prado. « J'avertis Son Excellence, écrivait-il au préfet de police le 6 mai 1887, que je ne veux à aucun prix comparaître devant les tribunaux, car il a un frère ou un cousin qui serait capable de m'assassiner, bien que ce soit dans un but humanitaire que j'agisse. »

Peu importe, d'ailleurs, le motif pour lequel José Garcia Jimeno revient, à l'audience, sur les déclarations que le chef de la sûreté, à Madrid, avait consignées dans un procès-verbal régulier. L'accusation retient comme charges accablantes contre Prado, d'une part, les dessins des bijoux, œuvre de José Garcia

Jimeno lui-même ; d'autre part, les lettres de dénonciation signées José Garcia Jimeno. Je me suis expliqué à propos des dessins. Les lettres de dénonciation sont au nombre de quatre, en date des 14 avril, 6 mai, 20 mai, 6 juin 1887, adressées, la première à l'ambassadeur de France, à Madrid, les trois autres au préfet de police, à Paris. On en trouve le texte à l'autographie pages 119, 48, 50, 52. Vous n'oubliez pas, messieurs les Jurés, que l'assassinat de Marie Aguétant a eu lieu le 14 janvier 1886, que José Garcia Jimeno est un compatriote de Dolorès Garcès y Marcilla, — ils sont originaires l'un et l'autre de Calatayud, province de Saragosse, — que, pendant les mois de janvier et de février 1886, il a accompagné Prado chez Antonio Ximenès pour négocier la vente ou la mise en gage des bijoux, enfin qu'il a lui-même engagé un peigne en écaille. Eh bien! dans ses lettres, José Garcia Jimeno fait des allusions transparentes à l'assassinat de Marie Aguétant et dénonce Prado. Voici notamment les deux premières lettres. Lettre du 14 avril 1887. « A Son Excellence monsieur l'Ambassadeur de France, à Madrid. Hier, j'ai eu le très grand honneur d'être reçu par M. votre consul : il m'a manifesté le désir que j'écrive à Votre Excellence pour l'informer qu'il y avait quinze mois à peu près qu'un assassinat suivi de vol avait été commis à Paris et que toutes les recherches de la police française étaient demeurées infructueuses. A cet effet, j'ai écrit à M. le Préfet de police de Paris, l'informant que si on me donnait une prime, je trouverais l'auteur de ce crime, et comme jusqu'à présent je n'ai reçu aucune réponse, je m'adresse aujourd'hui à Son Excellence pour le cas où elle s'intéresserait à la découverte du coupable, puisque quelqu'un d'innocent souffre pour un malfaiteur qui aujourd'hui se promène très tranquillement par les mondes de Dieu avec l'argent de sa victime. Si Son Excellence veut s'assurer de l'exactitude de mes assertions, je la supplie de m'accorder une audience où je lui communiquerai tout ce que je sais sur cette affaire. »

Un assassinat suivi de vol, commis à Paris, il y a quinze mois environ, c'est-à-dire au mois de janvier 1886, — la lettre date du 14 avril 1887, — mais c'est précisément l'assassinat de Marie Aguétant.

Voici maintenant la désignation de Prado. Lettre du 6 mai 1887 au préfet de Police, à Paris. « Aujourd'hui, 6 mai, j'ai été appelé à l'ambassade et au consulat de cette cour où il m'a été dit que Son Excellence me donnait une prime de 500 à 1,000 francs pour découvrir l'auteur d'un assassinat..... Il s'agit d'une personne à laquelle on *coupa la tête pour la voler*. Je connais l'auteur de cet assassinat, mais cela me paraît bien peu de chose pour une affaire aussi grave et surtout pour le travail qu'elle entraînera..... Or je ne sais pas où se trouve cet individu, mais il sera facile par son portrait de retrouver sa trace. Pour cela, il faudrait que Son Excellence voulût bien m'envoyer un de ses nombreux agents qui aurait à sa disposition de quoi payer les frais que nécessiterait notre mission. *Il est bien entendu qu'on a vendu ici pour plusieurs milliers de francs de nombreux bijoux qui provenaient de ce vol*, bijoux que nous retrouverons et qui serviront de preuve à ce que j'avance..... Mais j'avertis Son Excellence qu'en cas de réussite je ne veux à aucun prix comparaître devant les tribunaux, car il a un frère ou un cousin qui serait capable de m'assassiner, bien que ce soit dans un but humanitaire que j'agisse. Cet individu est capable de tout pour obtenir de l'argent et triompher. C'est un homme qui, suivant ce que je sais, *s'est marié plusieurs fois* et qui, après avoir dépensé l'argent de ses femmes, les abandonne et part. (Dolorès Garcès y Marcilla indique dans sa lettre au juge d'instruction que Prado, avant de l'épouser, avait très vraisemblablement contracté d'autres mariages sous des noms différents.) Il y a ici une de ses victimes *qui est de mon village* (Dolorès Garcès y Marcilla, née, comme José Garcia Jimeno, à Calatayud); après lui avoir dissipé 140,000 francs (c'est le chiffre approximatif de la dot de Dolorès Garcès y Marcilla), il l'a abandonnée, elle est dans la dernière des misères [1]. »

(1) Voici le texte des deux autres lettres. — *a*) 20 mai 1887. Monsieur le Préfet de police, a Paris. Le jour même où je fus appelé chez le consul de France qui me donna ses ordres, j'écrivis à Votre Excellence. Il y a déjà longtemps et je n'ai pas reçu de réponse. Aussi je vous écris encore une fois pour vous dire que si vous voulez envoyer l'ordre par télégraphe a votre ambassadeur de me payer le chemin de fer, aller et retour et les frais, j'irai vous donner tous les renseignements sur cette affaire, ce qui vous permettra de mettre en liberté les

Est-il possible de dire en, termes plus explicites?
« Ne cherchez pas l'assassin de Marie Aguétant, je le
connais, c'est Prado. » Or, à l'époque où ces lettres
de dénonciation sont écrites, avril-mai-juin 1887, aucune information n'est ouverte contre Prado : l'arrestation n'aura lieu que le 28 novembre 1887. Comment
Garcia pourrait-il imputer à Prado l'assassinat de Marie
Aguétant si les bijoux qu'il a vus aux mains de Prado
ne sont pas ceux de Marie Aguétant, s'il n'a pas connu,
par des confidences de Prado, et l'assassinat et le
vol ?

La détention inexpliquée des bijoux de Marie Agué-

innocents que vous détenez a Mazas. Je croyais la police française plus
perspicace que celle-ci, mais je vois qu'elle est encore plus maladroite,
car quand on propose une révélation de cette importance, on est en
droit d'attendre plus d'empressement à l'accepter surtout quand il s'agit
d'un crime dont l'auteur peut être découvert. La police d'ici, si elle
avait besoin de moi dans un cas semblable, ne manquerait pas de se
mettre entièrement à ma disposition. Ce sera comme vous voudrez ;
cela m'importe peu. J'avais cru devoir écrire dans l'intérêt de l'humanité, car cet homme est des plus dangereux. Quand il aura commis
d'autres crimes, on ne manquera pas de dire que si on avait accepté
certain concours, cela ne serait pas arrivé. Faites ce qu'il vous plaira ;
je n'écrirai plus, car je vois que Votre Excellence n'est pas un policier
et tient peu à innocenter ceux qu'elle sait ne pas être les assassins. —
N. B. Comme je vous le dis plus haut, dites a l'ambassadeur qu'il me
paie mon voyage et me donne quelque argent pour ma famille, et je
viendrai vous donner quelques renseignements sur l'assassinat. Si vous
ne voulez pas. je laisse tout, peu m'importe. José GARCIA JIMENO,
Calle de la Cebada, 5, 3me étage. — b) 6 juin 1887. Monsieur le Préfet
de police, à Paris. Je n'ai encore reçu aucune réponse aux lettres que
je vous ai adressées à la suite de mon entrevue avec le consul de
France, à Madrid, dans laquelle on m'a donné communication d'une
lettre par vous adressée à M. Cambon, ambassadeur de France, pour
l'informer que vous teniez à ma disposition une prime de 1,000 fr. si

tant suffirait à prouver la culpabilité de Prado. Résu-
mons cependant notre argumentation. Pauvreté, dénù-
ment même la veille du crime, richesse le lendemain ;
rapports de Prado avec Marie Aguétant, rapports établis jusqu'à l'évidence malgré les dénégations intéres-
sées et persistantes de l'accusé ; concordance entre le
signalement de l'assassin présumé et la taille, les traits,
le costume de Prado ; déclarations des témoins en Espagne, référence des dessins par eux tracés à la description des bijoux qu'ont donnée, à Paris, B... et la
femme Parent, systèmes contradictoires, invraisem-
blables présentés par l'accusé ; attitude des témoins

je mettais la police sur les traces d'un criminel. Je me suis directement adressé à vous sur l'invitation de M. le consul de France qui
m'avait déclaré que ses occupations ne lui permettaient pas de s'occuper d'affaires de police. Puisque votre administration ne m'a pas donne
depuis lors signe de vie, je vous écris aujourd'hui par lettre recom-
mandée afin qu'on ne puisse pas prétendre que mes lettres ne sont pas
parvenues à leur adresse. Je vous dirai donc que vous pourriez, si vous
le jugez à propos, soit envoyer à Madrid un de vos agents qui se mettrait en rapport avec moi pour obtenir tous les renseignements nécessaires en vue de retrouver l'assassin, soit, puisque cela ne coûte rien
au gouvernement de la République, me faire parvenir un permis de
circuler sur la voie ferrée avec quelque argent pour mon entretien, et
pour ne pas laisser ma famille sans ressources pendant que j'irai à
Paris aider à découvrir cet assassin voleur. Il n'est pas juste que plusieurs hommes soient détenus à Mazas et subissent une peine alors que
le Gouvernement pourrait s'assurer de leur innocence. J'espère donc
que vous voudrez bien m'honorer d'une réponse, le plus promptement
possible, puisque votre ambassadeur m'a invité à m'adresser directement à vous. Les chemins de fer du nord de l'Espagne sont français
jusqu'à Bayonne. Je ne dirai rien jusqu'à ce qu'on m'ait fourni le
moyen de voyager gratuitement jusqu'a Paris et qu'on m'ait fait parvenir quelque argent pour moi et les miens. JOSÉ GARCIA JIMENO.
Calle de la Cebada, 5.

espagnols à l'audience, leurs dénonciations écrites..., ces divers éléments groupés par l'accusation forment un tout indivisible, un ensemble de preuves qui ne saurait laisser place au doute, un faisceau fortement serré que la défense la plus vigoureuse et la plus habile ne pourra ni briser ni disjoindre.

VI. Je viens d'assembler lentement, et d'une main sûre, les diverses pièces de l'échafaudage de l'accusation. Il manque le couronnement; les aveux de l'accusé vont le former.

Dans quelles circonstances Eugénie Forestier fut-elle amenée à révéler à la Justice le terrible secret que Prado lui avait confié? La scène mérite d'être décrite. Elle touche au drame par quelques côtés.

Eugénie Forestier et Mauricette Couronneau sont depuis déjà quatre mois détenues à la prison de Marenne. La solitude, la tristesse les ont abattues. Trompées l'une et l'autre par le même homme, subissant des souffrances communes, leurs sentiments de jalousie réciproque se sont apaisés. Ce ne sont plus deux rivales, ce sont deux infortunées. Elles échangent leurs souvenirs, leurs impressions, leurs pensées. Mauricette Couronneau parle de son enfant, elle pleure.

« Quel malheur pour votre enfant d'avoir pour père un tel homme! »

« Que voulez-vous dire? »

« Rien. »

« Mais si. Parlez. Que me cachez-vous? »

« Jurez-moi le secret. Jurez sur la tête de votre enfant. »

« Je le jure. »

« Oh! non. Je ne puis pas. »

« Je vous en supplie! Parlez! Ne prolongez pas mon
« angoisse! »

« Soit! Prado est un assassin! Il a tué Marie Agué-
« tant. »

Mauricette Couronneau, accablée, supplie le pasteur
et la surveillante de la prison de lui venir en aide. Doit-
elle parler, doit-elle se taire? Ils lui font l'un et l'autre
un devoir d'informer la Justice.

« Un tel crime est au-dessus du serment, » dit-elle à
Eugénie Forestier; « si vous continuez à garder le silence, je parlerai. » Eugénie Forestier comprend
qu'une plus longue résistance serait vaine. Le 8 avril
1888, elle écrit au procureur de la République. Le 10
avril, elle comparaît devant le juge d'instruction de Marenne. Écoutez, messieurs les Jurés, le saisissant début
de ce douloureux récit.

« Vous avez prévenu M. le procureur de la République que vous aviez des révélations à faire. Veuillez
nous les faire connaître. »

« Je n'ose pas. C'est tellement épouvantable que je
crains de le dire. Si Prado sait que j'ai fait cette déclaration, il me tuera. »

— Nous invitons Eugénie Forestier à parler sans
crainte. Eugénie Forestier paraît très émue, et nous

dit : « Aidez-moi, je ne pourrai jamais commencer toute
seule mes aveux. »

« Prado a-t-il commis un crime? »

« Oui ! »

« Lequel? »

« Marie Aguétant. »

Émue, versant d'abondantes larmes, Eugénie Forestier raconte les détails.

Depuis ce premier aveu, Eugénie Forestier n'a jamais
varié ni faibli. Seule, confrontée, détenue, libre, mise
en rapport avec son défenseur, avertie et consciente de
la gravité de son témoignage, elle a maintenu dans leurs
moindres détails ses premières déclarations. Prado fait
appel à son cœur, à l'affection passée ; il veut séduire,
il supplie. Vains efforts ! Il menace, essayant d'évoquer
ce sentiment de terreur qui depuis si longtemps pesait
sur Eugénie Forestier. Celle-ci, impassible, dominant
ses émotions et la crainte, jure qu'elle a dit vrai.

Non, non. Elle a menti, s'écriera la défense. Prado
impénétrable, énergique, cet homme de fer qui, depuis
si longtemps supporte sans plier le poids d'une accusation capitale, n'a pu commettre l'imprudence de confier
à sa maîtresse un secret aussi dangereux. L'instruction
s'était égarée dans ses recherches, aucun indice ne lui
signalait Prado. Comment Prado aurait-il spontanément, sans motifs, par l'aveu de son crime, livré en
quelque sorte sa tête? Un mot, une allusion de sa maîtresse suffisait désormais à le perdre.

Toute énergie a ses défaillances, toute cuirasse a ses

défauts. Qui donc étouffera le cri de la conscience? Le silence pesait à cet homme. Par son aveu, il s'arrachait au terrible colloque entre sa conscience et lui ; il associait sa maîtresse à son crime. Le poids qui l'écrasait, porté à deux, serait sans doute moins lourd.

Qu'importait d'ailleurs cet aveu? Eugénie Forestier ne savait que trop de choses compromettantes. N'avait-elle pas trahi ses pressentiments deux mois auparavant à Bordeaux? « Il faut que je te tue, » s'était écrié Prado, à l'occasion d'une scène de jalousie. — « Oui, comme tu as fait à l'autre! » — « Imbécile! Non, tu n'es pas une imbécile, tu vois trop clair dans mes affaires. Il faut que je te tue! » Elle savait, Eugénie Forestier, et le trouble de Prado pendant la nuit du crime, et la tache de sang sur la chemise, et la disparition des manchettes et du rasoir, et l'inexplicable fortune survenue brusquement à Prado au lendemain du crime, et le départ précipité pour l'Espagne. En révélant ces faits à la Justice, elle livrait Prado. Avouer le crime à Eugénie Forestier, c'était acheter son silence, c'était lier plus étroitement son existence à celle du criminel, c'était la troubler par la crainte d'une accusation de complicité.

Mais quoi! Eugénie Forestier aurait écouté sans frémir le long récit de cet horrible crime! Prado se complaît à décrire les moindres détails, il accumule les preuves de sa culpabilité, et pas un cri d'horreur n'échappe à cette femme! Elle ne s'enfuit pas épouvantée, honteuse d'avoir appartenu à ce criminel!

Bien plus, un long délai s'écoule. Les révélations de Prado remonteraient au mois de septembre 1886. C'est seulement au mois d'avril 1888 que Eugénie Forestier informe la Justice! Plus d'une année et demie! Pendant cet intervalle de temps les vexations, les brutalités s'accumulent, elle souffre dans son orgueil de femme et dans ses affections. La vie commune a cessé; une autre femme a pris sa place, et cependant Prado l'humilie, la poursuit sans relâche. Elle plie et se tait. Que d'invraisemblances et de contradictions!

Que de contradictions! et qu'importe? Notre existence est-elle donc une série d'actions toujours concordantes? Qui donc peut se vanter de suivre une ligne nettement tracée? Dans les actes de la vie, l'homme n'est pas un logicien rigoureux. Mélange inexplicable d'hésitations et de résolutions fermes, l'être humain, la femme surtout, plie ou se dresse au souffle des passions qui l'agitent.

Eugénie Forestier aimait Prado. Par sa tenue distinguée, son langage élégant, son imagination brillante, cet homme avait séduit et charmé cette femme. « Pour toi, j'ai supporté le froid, la faim, je t'ai suivi partout, j'ai fait litière de mon corps. » Une étrange fascination enlevait à cette malheureuse la libre possession d'elle-même. Ni les infidélités, ni les brutalités, ni le mépris, ne pouvaient rompre le charme. Une caresse, un baiser. Prado à ses pieds, elle oubliait. Quel empire redoutable cet homme exerçait sur les femmes! « Je ne puis, dit Mauricette Couronneau dans l'instruction,

exprimer ce que j'éprouve. Je sens qu'il me domine.
Si j'étais seule avec lui, il m'entraînerait encore où il
voudrait. Il me faudrait le secours d'une autre personne pour lui résister. Il exerce sur moi la même
influence que sur Eugénie Forestier qu'il battait et qui
courait après lui. »

Elle aimait, Eugénie Forestier; elle avait peur aussi.
Malheur à elle, si Prado emporté, violent, la soupçon-
nait d'avoir trahi le secret! Ce sentiment de terreur
oppressait aussi Mauricette Couronneau. — « Maintien-
drez-vous vos déclarations en présence de Prado? » lui
demande le juge d'instruction. — « Oui, je les main-
tiendrai, mais je redoute de me trouver avec lui parce
que j'en ai peur. Quand je serai confrontée avec lui
dans votre cabinet, s'il sait ce que j'ai dit contre lui,
il m'étranglera s'il le peut. Ma crainte est qu'il ne me
maudisse et surtout qu'il ne s'évade un jour. Si jamais
il s'évade, que ce soit dans dix ans ou à présent, il me
fera mon affaire. Si je suis restée avec cet homme,
c'est par peur, j'ai toujours eu peur de lui. »

C'est ainsi que dans l'âme troublée d'Eugénie Forestier, ces deux sentiments contraires, l'amour et la
crainte, dominaient tour à tour et retenaient sur ses
lèvres des révélations dont les conséquences devaient
êtres fatales pour elle ou pour Prado qu'elle aimait.

Pourquoi donc Eugénie Forestier a-t-elle enfin
rompu le silence qu'elle avait observé si longtemps?
Chez la femme, la pitié est un sentiment vivace, pro-

fond, que les malheurs, les chutes morales n'altèrent ni ne brisent. Les compagnes d'Eugénie.Forestier subissent l'emprisonnement depuis bientôt quatre mois. Elles souffrent et pleurent; l'enfant de Mauricette Couronneau est privé de sa mère. Eugénie Forestier est émue. L'instruction languit, pressent-elle, parce que le vol de Royan a fourni des indices graves relativement à l'assassinat. Qu'elle parle et l'instruction se précipite, la liberté est rendue à ces malheureuses, Mauricette Couronneau pourra retourner embrasser son enfant. « Ne croyez pas, dit-elle au juge d'instruction, que ce soit par jalousie ou par vengeance que j'ai dénoncé Prado. J'ai vécu misérablement avec lui sans rien dire. Je suis restée quatre mois en prison avant de parler; j'ai bien souffert à Marenne. Je ne pouvais pas dire ce que j'avais. Je me demandais s'il était possible de garder plus longtemps un pareil secret qui me pesait; si je ne faisais pas mal en laissant toutes les autres détenues, qui pleuraient toute la journée, souffrir aussi longtemps à cause de lui. C'est pour cela que j'ai fini par parler à Mauricette le jour où elle m'a touchée en me parlant de son enfant. » Pitié pour ses compagnes, pitié pour une mère, pitié pour un enfant, tel est le sentiment qui ébranlait Eugénie Forestier, telle est la cause impulsive de ses déclarations.

Me serais-je trompé, messieurs les Jurés? Eugénie Forestier, témoin de l'accusation, m'apparaît-elle sous un jour faux? Maîtresse délaissée, serait-elle jalouse?

Poursuivrait-elle, haineuse, vindicative, la perte d'un
amant infidèle?

Oui certes, Eugénie Forestier fut jalouse! Quelle
femme ne l'eût été? Pour Prado, elle avait, à Paris,
tout donné, tout vendu; à Bordeaux, après six mois de
vie commune, elle est contrainte de quitter brusquement l'hôtel des Pyrénées; tandis qu'elle erre de garni
en garni, misérable, une autre prend sa place. Les
relations de Prado et de Mauricette Couronneau de-
viennent publiques. On annonce les fiançailles, le
mariage même. Prado n'est plus qu'un amant de rencontre, elle-même n'est plus qu'une maîtresse d'occasion.

La jalousie lui mord le cœur. Cependant aucun cri
ne lui échappe. Quand fait-elle éclater sa colère? Tard,
bien tard, en prison. Mais Mauricette Couronneau est
en prison elle aussi, brisée, humiliée à son tour. Laquelle de ces deux femmes souffre le plus? Laquelle
excite la pitié? Mauricette Couronneau sans nul doute,
mère séparée de son enfant, jeune femme déchue,
flétrie par les fiançailles, le mariage même, aux yeux
du public, avec un vulgaire voleur. Certes, la haine
d'Eugénie Forestier doit être satisfaite, sa vengeance
assouvie. Cette rivale vaincue, à quoi bon l'écraser par
l'allégation d'un assassinat faussement imputé à Prado?

Une analyse du cœur humain nous a montré les
mobiles auxquels Eugénie Forestier avait obéi lors de
ses révélations. L'examen attentif du dossier va nous

fournir la preuve de sa sincérité. Toutes les indications qu'elle a données, reproduisant le récit de Prado, contrôlées par les expertises, les témoignages, les aveux de l'accusé, ont été reconnues exactes.

« Prado m'a dit, rapporte Eugénie Forestier, qu'il avait été si doucement et si vite que la bonne n'avait rien entendu, que la chose avait été faite en un instant, à peine Marie Aguétant était-elle déshabillée et avait-elle fait sa toilette. » La bonne Barbette Bürg déclare qu'aucun bruit, qu'aucun cri n'a frappé son oreille ; nous avons démontré que l'assassinat et le vol avaient été accomplis dans un laps de temps très court, et il résulte des procès-verbaux dressés, dès la découverte du crime, par le commissaire de police et par M. le juge d'instruction « que Marie Aguétant était étendue sur le dos, vêtue seulement d'une chemise ensanglantée. »

« Marie Aguétant était sur le bidet à faire sa toilette quand je l'ai frappée, » aurait dit Prado. On lit dans le procès-verbal du juge d'instruction. « Tout à côté du corps se trouve un bidet plein d'une eau très claire avec une légère teinte de sang. Des gouttes de sang ont jailli sur la serviette qui l'entoure et sur sa garniture. Il semble probable que la femme a été frappée au moment où, après avoir approché le petit meuble de la cheminée, elle faisait sa toilette. »

De quel instrument Prado s'est-il servi? « Il m'a raconté qu'il lui avait fait son affaire avec un rasoir et que d'un coup de ce même rasoir il avait ouvert le sac en cuir contenant l'argent, les billets de banque et les valeurs. » Les constatations de M. le juge d'instruction et de M. le docteur Brouardel confirment en tous points cette déclaration : un rasoir a pu pratiquer la section du cou de Marie Aguétant et l'ouverture du sac ; le sac a été ouvert par une lame fine, ronde à l'extrémité : il n'y a pas trace sur le sac d'un coup de pointe produit par un instrument piquant.

« J'ai remarqué sur la main de Prado, pendant la nuit qui a suivi le crime, une petite écorchure. Prado, dans le récit du crime, a attribué cette écorchure à un coup d'ongle de Marie Aguétant. » Le docteur Brouardel a signalé des cicatrices sur les mains de Prado.

Quelles valeurs Prado a-t-il soustraites dans l'armoire à glace de Marie Aguétant ? Eugénie Forestier a fait connaître que Prado trouva un titre de rente représentant un capital de 60,000 francs, mais qu'il dut le détruire, ne pouvant l'utiliser, car il était nominatif. Or, ce titre n'ayant pas été retrouvé, les héritiers de Marie Aguétant ont obtenu un titre nouveau, et il résulte d'une lettre adressée, au mois de septembre 1888, à M. le juge d'instruction Guillot, par M. le directeur de la dette inscrite, que Marie Aguétant etait, lors de sa mort, inscrite au grand-livre de la dette publique, sous les numéros 40,105 et 57,126, première série, pour une rente au total de 1,900 francs à 4 1/2 p. 0/0. Il est vrai que le capital correspondant, 42,000 francs environ, est inférieur à celui qu'indique Eugénie Forestier, mais on peut aisément admettre que Prado avait exagéré. Il faut surtout remarquer que c'est bien de la rente que possédait Marie Aguétant et que les titres ont disparu; de telle sorte que, sur·les points essentiels, l'exactitude des déclarations d'Eugénie Forestier ne peut être mise en doute [1].

Que sont devenus les bijoux de Marie Aguétant? Nous le savons aujourd'hui. Prado s'est défait du plus grand nombre à Madrid, aux mains d'un bijoutier, Antonio Ximenès, dont il a courtisé la fille Purita ; José Garcia Jimeno a engagé un peigne en écaille avec diamants. (Ce José Garcia Jimeno a reconnu à l'audience qu'il était un ancien officier de l'armée espagnole). Eugénie Forestier raconte, le tenant de Prado,

---

[1] *Interrogatoire d'Eugénie Forestier,* 9 mai 1888, cote 62. — « Prado me dit... — J'ai fouillé dans l'armoire, j'ai ouvert avec mon rasoir le petit sac où elle mettait son argent; c'est comme cela que le billet de 100 fr. s'est trouvé coupé. J'ai trouvé aussi un titre de 60,000 fr. que je n'ai pas pu toucher parce qu'il était à son nom (au nom de Marie Aguétant). »

Lettre de M. le directeur de la dette inscrite à M. Guillot, juge d'instruction, septembre 1888. — « Il résulte des vérifications auxquelles a donné lieu votre demande du 28 août dernier, qu'il a existé au grand-livre trois parties de rentes immatriculées ainsi qu'il suit :

45 fr. 5 » p. 0/0, n° 60,572, série 1re.
900 fr. 4 1/2 p. 0/0, n° 40,105, série 1re.
1,000 fr. 4 1/2 p. 0/0, n° 57,126, série 1re.

Aguétant Marie, fille majeure. L'inscription de 45 fr. 5 p. 0/0 a été transférée dès le 8 février 1875 (transfert n° 42,426). Les inscriptions de 900 fr. et de 1,000 fr. 4 1/2 p. 0/0, *dont les extraits n'ont pas été retrouvés* lors du décès de la demoiselle Aguétant, ont été remplacées au vu d'une déclaration établie devant le maire du IXe arrondissement de Paris par les héritiers de la titulaire... Ces deux inscriptions ont été transférées le 10 juin 1886 par l'intermédiaire de M. Reumont, agent de change (transfert n° 16,183)... »

que celui-ci avait confié les bijoux, partie à un bijoutier
de Madrid, partie à un officier de l'armée espagnole;
que, pour capter les bonnes grâces du bijoutier, il
avait demandé sa fille Purita en mariage. Eugénie
Forestier ajoutait qu'elle avait vu la photographie de
Purita. Or, il est certain que Prado a reçu à Bordeaux
une photographie de Purita, et la photographie de
Purita, remise par la mère de cette dernière, à Madrid, au chef du service de la sûreté, et apportée à
Paris par M. le juge d'instruction Guillot, a été
reconnue par Eugénie Forestier.

Ces diverses indications, portant sur des points de
détail, précises, exactes, où donc Eugénie Forestier
les a-t-elle puisées? Dans le récit du crime fait par
Prado lui-même. Elle n'a pu les trouver ailleurs.
Comment comprendre que des données imaginaires
soient en concordance parfaite avec les témoignages,
les constatations des magistrats et des hommes de
l'art?

Les journaux ont-ils fourni à Eugénie Forestier des
renseignements utiles? Son récit, tout d'une pièce, ne
serait-il, en définitive, qu'un assemblage de racontars
de journaux? Non, messieurs les Jurés. La presse ne
s'est occupée de l'assassinat de Marie Aguétant que
dans les numéros des 15, 16 et 17 janvier 1886, et les
révélations d'Eugénie Forestier ne se sont produites
qu'au mois d'avril 1888. Comment la lecture des journaux aurait-elle laissé sur l'esprit d'Eugénie Forestier
une impression assez profonde, gravé les souvenirs

avec une précision suffisante pour, que deux ans après,
les indications de ces mêmes journaux pussent être
fidèlement reproduites? La presse n'avait d'ailleurs
fourni que des renseignements très sommaires : l'assassinat de M. Barême, préfet de l'Eure, antérieur
d'un jour seulement à l'assassinat de Marie Aguétant,
excitait à un très haut degré la curiosité, l'émotion du
public, et l'assassinat de Marie Aguétant ne fut guère
qu'un incident de faible importance, du reste assez
vite oublié.

Si Eugénie Forestier s'était inspirée des journaux,
que de lacunes, que de contradictions, que d'inexacti-
tudes! Où donc aurait-elle trouvé ces particularités
qu'elle a signalées, la précaution prise par Prado de
se cacher le visage et de tourner le dos à la lumière
pendant que la bonne préparait les objets de toilette
et le lit, la position de la victime au moment où elle a
été frappée, l'ouverture du sac par un coup de rasoir,
la déchirure sur chaque côté du billet de banque de
cent francs plié eu quatre, l'existence d'un titre de
rente nominatif correspondant à un capital de 60,000
francs environ, la répartition des bijoux en Espagne,
l'éraflure de l'émail à la montre à remontoir.....? Ces
détails et tant d'autres qui se retrouvent dans le récit
d'Eugénie Forestier, aucun journal ne les relate. Bien
plus, parmi les rares indications fournies par les journaux, plusieurs sont erronées. « La Liberté, » numéro
du 17 janvier : « L'assassin a dû saisir sa victime par
derrière au moment où elle prenait sans doute une

rose sur la cheminée pour la sentir, car cette fleur a
été trouvée dans sa main crispée. » Or, la fleur dont
il est question, un gardénia, non une rose, était,
d'après le procès-verbal du juge d'instruction, posée
sur la cheminée. « *Le Petit Journal,* » numéro du
17 janvier : « La chambre présentait un grand désor-
dre, les meubles béants avaient été fouillés par une
main fiévreuse ayant laissé çà et là des empreintes
sanglantes. » Or, l'armoire à glace seule avait été
fouillée. Eugénie Forestier n'a jamais fait allusion à
une fleur qu'aurait tenue Marie Aguétant dans sa main
crispée; l'armoire à glace est le seul meuble qu'elle ait
signalé comme ayant été l'objet des investigations de
Prado.

Il est donc manifestement impossible de reconstituer
la scène du crime avec le récit des journaux. Voilà
bien la démonstration faite : les déclarations d'Eugénie
Forestier n'ont été, n'ont pu être que l'écho fidèle du
récit de Prado.

Continuons l'examen. En dehors des détails relatifs à
l'exécution même du crime, Eugénie Forestier a fourni,
à l'instruction, des données intéressantes et fort utiles.
A cet égard encore, elle a dit vrai. Sur aucun point,
ses allégations ne sont controuvées. Logements successivement occupés par elle seule ou en compagnie de
Prado, voyages divers à Boulogne-sur-Mer, à Bordeaux, à Paris, en Espagne, menaces, brutalités, tentative de meurtre, sommes d'argent reçues de son ancien amant retourné en Amérique ou de Prado, tout est

exact quant aux faits, quant aux lieux, quant aux da-
tes, quant aux chiffres. Pas une erreur, pas une contradiction qui puisse être relevée! Qu'elle dépeigne la
misère de Prado et la sienne au commencement du
mois de janvier 1886; qu'elle raconte comment, le soir
du crime, elle a soupé chez Ibanez et conduit chez elle
l'enfant de ce dernier; comment, dans les journées du
vendredi et du samedi 15 et 16 janvier, Prado a changé
de costume, fait des courses précipitées, emprunté une
valise à Ibanez, pris le train express de Paris à Bordeaux, ni l'instruction, ni les débats, ni Prado lui-
même ne lui donnent un démenti. Sont-elles exactes ces
allégations que, le lendemain du crime, Prado lui
remit un billet de banque de cent francs plié en quatre
et portant à chaque côté une section très nette de deux
centimètres environ, que ce même jour, elle aperçut
au poignet de la manchette de la chemise une tache de
sang, que Prado a brûlé sa chemise et ses bottines? La
preuve est impossible puisque billet de banque, chemise et bottines ont disparu, mais du moins, que de
vraisemblances! Dans son rapport rédigé le lendemain
du crime, M. le docteur Brouardel émet cet avis, « que
la section a dû être pratiquée par le meurtrier placé derrière la victime et relevant la tête de celle-ci; » à l'audience il a montré l'impossibilité pour le meurtrier de
se tenir auprès de l'armoire à glace sans marcher dans
le sang. Peut-on douter, dès lors, de l'existence d'une
tache de sang au poignet de la chemise? Peut-on douter
que Prado ait fait disparaître sa chemise et ses chaus-

sures? Enfin, en ce qui concerne le billet de banque de
cent francs portant une légère entaille, n'a-t-il pas été
démontré que le sac de Marie Aguétant, qui contenait
l'argent et les billets de banque, a été ouvert par un
instrument à lame fine, ronde à l'extrémité, un rasoir,
en un mot? Sur le fait de la remise du billet de banque,
Prado n'a pas osé contredire formellement Eugénie
Forestier. Confrontés le 27 juin 1888 par le juge d'instruction, voici comment ils s'expriment l'un et l'autre.

Eugénie Forestier. — « Le lendemain matin, vous
m'avez donné un billet de cent francs qui était coupé
comme si un couteau l'avait traversé. »

Prado. — « Je ne m'en souviens pas. »

Eugénie. — « Moi, je l'affirme. »

Prado. — « Cela se peut. »

Eugénie. — « D'où vous venait cet argent? Vous
vous rappelez notre misère à cette époque. J'avais dû
emprunter pour dégager mon manteau. Nous n'avions
pas même de quoi manger. Je vous apportais un peu
de nourriture. Nous n'avions pas le sou. »

Prado. — « C'est vrai. »

Eugénie. — « Eh bien! alors. D'où te venaient les
deux billets de cent francs? Diras-tu que tu ne me les a
pas donnés? »

Prado. — « *Si tu le dis, c'est probablement que je
te les ai donnés.* »

C'est ainsi que, soumises à un examen minutieux, à
un contrôle sévère, les déclarations d'Eugénie Forestier sont reconnues rigoureusement exactes. Soit qu'elle

reproduise les détails de l'assassinat ou du vol, tels
qu'elle les avait recueillis de la bouche de Prado, soit
qu'elle retrace les traits principaux de son existence ou
signale divers faits utiles à l'instruction , son récit est
sur tous les points conforme à la vérité.

J'ai dû, messieurs les Jurés, parcourir un à un,
pour les réfuter, les moyens que l'accusé a soulevés au
cours des débats ou qui seront développés par son défenseur. Ce dernier n'eût pas hésité à signaler les lacunes , les défaillances de mon argumentation. Il me semble pourtant que j'aurais pu m'en tenir à l'impression
produite sur vos esprits par l'attitude, à l'audience,
d'Eugénie Forestier. L'heure est solennelle , la tête de
Prado est en jeu. Ferme, digne, sans trouble, sans os-
tentation, elle déroule son récit. Ni les embarras du
mensonge, ni l'animation de la haine; l'accent de la
vérité vibre dans ses paroles.

Terrible accusatrice! Prado, le moment de parler est
venu. Dressez-vous donc! Qu'un cri d'indignation et de
douleur déchire votre poitrine! Écrasez ces mensonges
et ces infamies! Vous vous êtes tu! Qu'est devenue
votre faconde? Elle est tombée cette insolence hautaine
dont vous faisiez complaisamment étalage! Vous vous
mouviez avec une facilité surprenante au milieu des
témoignages et des questions! Vous jouiez votre rôle
en comédien consommé sur les bancs de la Cour d'assises transformés en tréteaux! Eugénie Forestier a parlé,
vous n'avez pas trouvé un seul mot à répondre!
« Nous verrons plus tard, nous réfuterons tout cela

quand le moment sera venu. » Et lorsque Eugénie Forestier, son récit terminé, détournant son regard du
jury, l'a fixé sur vous, vous le fascinateur des témoins
et des femmes, vous n'avez pu supporter ce regard et
vous avez courbé la tête !

Ah ! vous les redoutiez ce témoignage et cette confrontation aux assises, et, pour les empêcher, vous
avez tenté des efforts désespérés. « Pense à moi, ma
pauvre chérie, » écriviez-vous à Eugénie Forestier le 5
décembre 1887, quelques jours après votre arrestation,
« et fais tout ce que tu pourras. *Je laisse ma vie entre
tes mains, sauve-la moi* et un jour je te la donnerai
entière pour te rendre en bonheur le chagrin que je te
cause. » Cette ardente prière, ce cri désespéré de son
ancien amant, Eugénie Forestier l'entendit, et lorsque
le 21 décembre, elle comparut devant le juge d'instruction de Marenne, sa déposition fut si vague, si
brève, que le magistrat instructeur n'y put trouver un
indice de la culpabilité de Prado.

Vous savez, messieurs les Jurés, comment Eugénie
Forestier fut amenée, au mois d'avril 1888, à faire des
révélations. Pendant les confrontations dans le cabinet
du juge d'instruction, Prado, jongleur habile, manie
successivement l'amour et la menace. Eugénie Forestier résiste aux séductions, aux prières, à l'intimida-
tion. Les assises vont s'ouvrir ; il faut éloigner Eugénie
Forestier à tout prix. Le 20 octobre 1888, Prado fait
parvenir à Eugénie Forestier, alors en liberté provi-
soire, une dernière lettre. A la lecture, Eugénie Fo-

restier ne peut se méprendre : comparaître en justice, maintenir ses précédentes déclarations, c'est encourir la vengeance terrible de Prado. « Je serai acquitté malgré tous ces efforts... Je ne resterai donc pas longtemps sans être libre, sans pouvoir *demander compte de mes tourments à qui de droit...* Je serai acquité sois en sûre, je ne me fais pas d'illusion... Je te le répète, Eugénie, crois-moi; arrange-toi comme tu voudras, mais va-t-en, ne viens pas en Cour d'assises... Si tu ne veux pas me croire, tu le verras pendant les débats, et alors tu comprendras ce qu'a de noble mon conseil et quelle est l'âme de celui que tu as appelé ton bébé, ton petit homme et que tu as voulu briser, mais qui, du choc, va se relever plus fort que jamais, crois-le, *à l'horrible stupeur et à la frayeur de beaucoup.* Je te le répète, Eugénie, crois-moi, *pars et attends.* Je ne puis t'en dire davantage, comprends si tu veux. »

Nous comprenons, Prado ; Eugénie Forestier est devenue, par vos aveux, le témoin du crime, vous voulez éviter sa déposition en justice. Quelle preuve plus décisive pourrait être fournie de sa sincérité? Eugénie Forestier a dit vrai : vous êtes l'assassin de Marie Aguétant [1].

---

[1] Eugénie Forestier n'est pas, semble-t-il, la seule personne qui ait reçu les aveux de Prado. Roberto Andrès, détenu à la maison centrale de correction de Poissy (V. la notice, p. 3 et 4), a écrit, à la date du 25 août 1889, a M. le juge d'instruction Guillot, la lettre suivante que nous transcrivons littéralement sans rectifier l'orthographe ni la ponctuation : « Je viens de savoir par un détenu qui se trouve à mon cote que le misérable Prado eut la sansfaçon de dire, lorsqu'il allé ètre exe-

DEUXIÈME SECTION.

AUTRES CHEFS D'ACCUSATION.

~~~~~~~~~~

Vous souvient-il, messieurs les Jurés, d'avoir lu dans le beau roman de Victor Hugo, *Les Misérables*, la description saisissante de l'enlizement? Un homme

cuté *qu'il était innocent*. L'affaire appartient à l'histoire et d'un autre coté l'opinion publique aura fait son jugement, mais comme cela me fait rappeler son ingratitude envers vous, je crois que c'est un devoir pour moi de donner un démenti formel à son innocence, et de vous dire que en plus de ce que j'avais communiqué à mon avocat M. Boulay avant les assises, ils sont là les mots de Linska o Prado (qui ont été prononcés le dernier jour des assises en parlant de l'affaire de Marie Aguetan devant Ibanez, Garcia et moi). Il disait Prado à cette occasion qu'il ne l'avait pas dit à son avocat que c'était lui, Prado, l'assassin. Ces déclarations, je vous les offre, monsieur Guillot, dans la forme qu'il pourra vous convenir le plus, dans le cas que dans quelque circonstance de la vie, par hasard un jour vous en auriez la nécessité. Pour être plus sûr j'ai demandé à Ibanez s'il se rappelle ce qu'il avait dit ce fripon de Prado à l'occasion que j'indique, et il m'a reppondu affirmativement, et je suppose que Garcia ne l'aura pas oublié non plus. Agréez..... »

Interrogé le 4 septembre par M. le juge de paix de Poissy procédant en vertu d'une commission rogatoire, Roberto Andiès s'est exprimé en ces termes :

« Prado a prétendu qu'il était innocent, c'est faux parce qu'il a dit devant Ibanez Garcia et moi, en espagnol, qu'il était l'assassin de Marie Aguetan. J'ai déclaré à mon avocat avant les assises que Prado m'avait dit à moi seulement : « On m'a découvert une moite. » Au surplus je confirme expressément ce que j'ai écrit à M. Guillot juge d'instruction à Paris dans ma lettre du 25 août dernier. »

cheminant à marée basse sur la grève, loin du rivage,
s'aperçoit soudain que depuis quelques minutes il
marche avec quelque peine. La plage est sous ses
pieds comme de la glu. La semelle s'y attache. A
chaque pas il se sent plus lourd, il enfonce, les pieds
disparaissent. Il veut revenir en arrière et enfonce profondément. Le voilà dans le sable jusqu'aux genoux,
jusqu'au ventre. Le sable atteint la poitrine. Il élève
les mains, veut se retenir, jette des cris désespérés.
Vains efforts. Le sable monte, le malheureux remue,
s'agite et disparaît.

L'enlizement c'est l'image de la disparition, de
l'effacement moral d'un homme par le crime. Prado
évoque cette image à mon esprit. L'assassinat de Marie
Aguétant, c'est le boulet qui l'entraîne sur la pente
glissante du mal; mais tandis que l'homme enlizé
tente, pour revenir à la surface, des efforts persévérants, Prado se livrant sans réserve à ses instincts,
à ses vices, ajoute crime à crime. C'est ainsi qu'à
l'assassinat de Marie Aguétant succèdent la tentative
de meurtre sur Eugénie Forestier, le vol de bijoux à
Royan, le vol de bijoux à Paris, les blessures faites à
l'agent de police Montmont dans l'exercice de ses fonctions.

Sur ces quatre chefs d'accusation, mon réquisitoire
sera très bref. Pour chacun, il suffira de rappeler un
ou deux éléments de l'information et des témoignages.
La culpabilité jaillit éclatante.

§ 1.

Tentative de meurtre sur Eugénie Forestier.

Au mois de juillet 1886, Eugénie Forestier et Prado font encore chambre commune à Bordeaux dans l'hôtel des Pyrénées. Mais des scènes de jalousie éclatent fréquemment. Au cours de l'une d'elles, Prado étreint violemment Eugénie Forestier à la gorge. « Il faut que je te tue. » — « Oui, comme tu as fait à l'autre. » — « Imbécile! Non, tu n'es pas une imbécile; tu vois trop clair dans mes affaires. Il faut que je te tue! » Saisissant son révolver, il le braque sur Eugénie. Celle-ci se détourne, la balle va percer la porte de la chambre. Prado ne nie pas le fait. Comment le pourrait-il en présence des constatations du commissaire de police et de l'armurier? « Je voulais simplement m'exercer, dit-il, et montrer à Eugénie Forestier le mode de fonctionnement de mon révolver. » Singulière idée, vraiment, que de prendre pour cible une porte séparant deux chambres habitées! Comment se fait-il que la balle soit partie à la hauteur d'un mètre quarante-cinq centimètres, c'est-à-dire précisément à la hauteur du visage d'Eugénie Forestier, et que Prado fût debout en tirant?

Sans doute, personne, soit dans l'hôtel, soit au dehors, n'a entendu la détonation, mais qu'importe? Prado reconnaît avoir tiré. C'était d'ailleurs le jour de la Fête Nationale, 14 juillet : le bruit de la rue a cou-

vert le bruit de la détonation et ce dernier bruit a été
fort léger si l'on en croit le rapport de l'armurier Du-
casse : « L'arme qui a tiré est du calibre de 5 millimètres ; c'est généralement un pistolet de poche de
peu de volume, faisant peu de bruit à l'explosion. »

Qu'importe encore que la balle fût de petit calibre ?
Ce qu'il faut considérer, c'est la force de projection.
Or la balle á traversé la porte et atteint le mur de la
cour. N'est-ce pas avec ce même révolver que Prado
a tiré sur l'agent Montmont et ne savons-nous pas que
la blessure de cet agent a failli être mortelle ?

Prado invoque, il est vrai, la continuation de la vie
commune. « Si j'ai réellement commis une tentative de
meurtre, comment Eugénie Forestier ne s'est-elle pas
enfuie ? Comment comprendre qu'elle ait pendant un
mois continué à partager ma table et mon lit ? » « Mais
que pouvais-je devenir, répond Eugénie Forestier,
seule, sans ressources, courbée sous la domination de
cet homme ? nous nous comportions comme mari et
femme. Il m'en coûtait de révéler l'irrégularité de la
situation. »

L'intention homicide paraît suffisamment établie.
Elle ne surprendra pas chez Prado dont on connaît la
violence de caractère, l'emportement, surtout si l'on
se rappelle les menaces qu'il proféra, le poignard à la
main, au mois de septembre 1886, à l'hôtel d'Europe
où s'était retirée Eugénie Forestier. A cet égard, vous
ne pouvez avoir oublié la déposition si nette, si affir-
mative de la bonne Radegonde Grémillon.

Dans le cours de l'instruction, Prado a laissé échapper des aveux qu'il importe de recueillir. Il aurait dit à Mauricette Couronneau qu'il avait tiré sur Eugénie Forestier pour la tuer, et lors d'une confrontation avec Eugénie Forestier, le 27 juin 1888, il n'hésite pas à s'écrier : « Oui, tu as pu avoir des soupçons, tu m'as dit que tu me soupçonnais le jour où j'ai voulu te tuer. »

« Comme tu as fait à l'autre. » Cette allusion à l'assassinat de Marie Aguétant trouble Prado. Il pressent une accusatrice. Ne faut-il pas qu'il la supprime ?

§ II.

Vol de diamants à Royan-les-Bains, au préjudice du sieur Forgerit.

Cependant les intrigues nouées par Prado autour de Mauricette Couronneau et de sa mère avaient réussi. Mauricette Couronneau était devenue sa maîtresse et la mère avait épuisé ses ressources à l'entretien de l'amant de sa fille. L'idée d'un vol surgit naturellement à l'esprit de Prado. Au mois d'août 1887, il part pour Royan, séjourne une semaine dans cette ville, simule un retour définitif à Bordeaux, et une nuit, en un tour de main, soustrait dans un magasin des bijoux pour une valeur de 20,000 francs.

Le vol a été commis au préjudice du bijoutier For-

gerit dans la nuit du 24 au 25 août. « Mais le 24 août
au soir, dit Prado, j'étais à Bordeaux, célébrant ma
fête, la Saint-Louis, dans la famille Couronneau ; la
Saint-Louis figure au calendrier au 25 août et les fêtes
ont toujours lieu la veille. » Mme Couronneau a tenté à
l'audience de confirmer le dire de Prado. Mais avec
quel embarras, quelle hésitation ! « Je ne sais pas quel
jour Prado a célébré sa fête, je n'ai pas remarqué le
jour. » Devant le juge d'instruction, à la date du 3 août
1888, elle n'avait pas été beaucoup plus explicite. « Il
m'est impossible de vous dire si c'est le 24 ou le 25
août 1887 ou à toute autre date que nous avons mangé
ensemble un gâteau. » L'attitude de ce témoin est vraiment surprenante. Sa fille est sur les bancs de la
Cour d'assises, elle paraît l'oublier pour ne s'intéresser
qu'à Prado. Pas une prière en faveur de son enfant,
mais une déposition manifestement contraire à la
vérité, bâtie de toutes pièces pour protéger Prado. Un
détail bien caractéristique fait saisir sur le vif l'état de
suggestion de ce témoin. Jamais pendant le cours de
l'instruction, Mme Couronneau n'avait songé à signaler
au juge cette particularité que le jour ou le lendemain
du vol, Prado aurait fait une collation chez elle à l'occasion de la fête Saint-Louis. Mais le 21 mai 1888
Prado s'avise d'écrire au juge d'instruction que, dans
la nuit du 24 au 25 août 1887, il était à Bordeaux célébrant sa fête, et Mme Couronneau, vraisemblablement
prévenue sans qu'on sache par qui, n'hésite pas à faire
allusion, dans un interrogatoire du 23 août 1888, à ce

prétendu repas en commun du 24 ou du 25 août 1887.

Qué vaut une déclaration aussi vague, aussi suspecte à l'encontre de la déposition nette, énergique du témoin Cuisinier? Ce militaire, ouvrier chez Forgerit, connaît Prado à ne pouvoir s'y méprendre, puisqu'il l'a vu à plusieurs reprises au magasin. Or, il affirme avoir rencontré Prado deux fois dans la journée du 24 août, notamment le soir, vers dix heures, au Bar américain. Le président insiste. « Je suis bien sûr, répondil : la personne que voilà est bien celle que j'ai vue le 24 août. » Remarquons d'ailleurs que de Royan-les-Bains à Bordeaux, la distance est très courte, que le trajet s'accomplit en chemin de fer en 3 heures 1/2, que les trains sont assez nombreux, et qu'il a, dès lors, été facile à Prado de commettre le vol dans la nuit du 24 au 25 et de souper chez Mᵐᵉ Couronneau à Bordeaux dans la soirée du 25.

Mais pourquoi discuter plus longtemps? Prado n'a-t-il pas reconnu sa culpabilité? Trois déclarations successives devant le juge d'instruction ne laissent aucun doute. — 22 décembre 1887. « Quant au vol de bijoux commis à Royan-les-Bains, je reconnais que j'en suis l'auteur. J'ai vendu une partie des bijoux de côté et d'autre. » — 30 juin 1888. « Je n'ai pas volé les bijoux à Royan, je les ai reçus d'un nommé Benito Lopez, mais je savais qu'ils étaient volés. » — Enfin, dans les interrogatoires des 2 et 10 août 1888, il avoue avoir eu l'intention de commettre le vol; il a étudié les êtres de la maison, emporté les clefs de la porte extérieure. pris les empreintes des serrures aux portes intérieures, « mais, ajoute-t-il, c'est Benito Lopez qui a exécuté le projet; je me suis seulement chargé d'écouler les produits du vol. » A l'audience, même système. Donc, de son propre aveu, dans ce système subsidiaire, il serait tout au moins complice. Or la loi frappe le complice de la même peine que l'auteur principal. Qu'importe dès lors que Prado soit auteur principal ou complice? Pour la complicité, la preuve existe indépendamment des aveux de Prado. Des témoins de Bordeaux, de Paris, entendus à l'audience, déclarent avoir acheté à Prado des bijoux qui appartiennent à Forgerit. Les autres bijoux provenant de ce même vol ont été distribués par Prado à ses coaccusés. Ceux-ci le reconnaissent et sont précisément sur les bancs de la Cour d'assises comme complices par recel.

Avant d'en finir avec le vol Forgerit, permettez-moi une observation qui me paraît utile. La porte du magasin où le vol a été commis a été trouvée fermée; Prado allègue un alibi, et quand il essaie, niant le vol, d'expliquer la possession des bijoux, il imagine l'intervention d'un tiers qui serait le prétendu voleur, un personnage introuvable, Benito Lopez. A propos de l'assassinat de Marie Aguétant, nous avons rencontré les mêmes procédés. L'assassin a refermé la porte de la chambre; Prado a plaidé l'alibi; enfin il a raconté qu'il avait volé les bijoux de Marie Aguétant à un individu rencontré sur la ligne du chemin de fer d'Irun à Madrid. Voilà des coïncidences assurément remarqua-

bles. Je reconnais la marque de fabrique, c'est toujours du Prado.

§ III.

Vol à Paris, Cours-la-Reine, au préjudice
du sieur Lorenzo.

Après le vol commis à Royan, Prado, chargé de
butin, rentre à Paris le premier septembre 1887. Il ré-
partit entre ses coaccusés les bijoux Forgerit. Pendant
que ceux-ci effectuent de leur mieux le placement,
Prado se remet à l'œuvre et prépare une nouvelle
expédition. Dans un hôtel, Cours-la-Reine, habitait un
Espagnol, Lorenzo, possesseur de pierres précieuses
et de nombreux bijoux. L'instruction et les débats ont
révélé comment Prado, avec une habileté prodigieuse,
s'était introduit dans l'intimité de Lorenzo, avait re-
cueilli tous les renseignements utiles et, par l'offre à la
famille Lorenzo d'une loge au théâtre du Châtelet, avait
fait place nette dans l'appartement. Le 28 novembre,
vers onze heures du soir, il s'introduit dans le cabinet
de Lorenzo, fracture divers meubles, s'empare du
coffret contenant les pierres précieuses et les bijoux et
tente de disparaître. Au bas de l'escalier, il est surpris
en flagrant délit par un garçon de l'hôtel, Zambeau,
mais il s'échappe abandonnant le coffret.

Le coffret fut rendu à Lorenzo sans qu'on ait eu la

précaution de vérifier le contenu ; aussi Prado demande-
t-il ironiquement à l'accusation de lui fournir la preuve
que ce coffret renfermait des pierres précieuses et des
bijoux. L'accusation pourrait se dispenser de tenter
cette preuve : le vol du coffret suffit ; quel que soit
l'objet du vol, la peine ne change pas. Mais il est aisé
de répondre par les déclarations de Lorenzo, par les
aveux de Prado lui-même. Déclarations de Lorenzo.
— 29 novembre 1887, Commissaire de police. « J'ai
enfermé tous mes bijoux, valeurs, etc., en un mot tout
ce que je possédais dans une petite caisse en fer placée
à l'intérieur du coffre-fort. Cette caisse était munie
d'une serrure spéciale avec combinaison de lettres que
j'ai brouillées avant de partir au théâtre. » — 3 décembre 1887, Juge d'instruction. « J'ai renfermé mes bijoux dans le coffret avant de partir, après avoir eu soin
de brouiller le jeu de lettres. » — Prado, interrogé
dans le cours de l'instruction, n'est pas moins explicite.
— 30 novembre 1887. « M. Lorenzo m'a fait savoir
qu'il voulait se défaire d'une certaine quantité de bijoux,
diamants, et je lui dis que je pourrais l'aider à les placer. Je suis monté avec lui dans son appartement et il
me les a fait voir. » — 17 août 1888. « Persistez-vous
dans les réponses que vous avez faites le 30 novembre
dernier? » — « Je persiste dans les aveux que j'ai faits
ce jour-là. » — « Ainsi, vous reconnaissez avoir frac-
turé deux malles, avoir ouvert le coffre-fort avec une
des clefs que vous aviez trouvées dans la malle et,
enfin, avoir emporté dans votre chambre le coffret en

fer qui contenait les bijoux. » — « Oui, monsieur. »
— Comment Prado peut-il prétendre aujourd'hui que
le coffret était vide? On se figure assez difficilement,
d'ailleurs, Prado tentant de commettre un vol inutile.

§ IV.

Blessures à l'agent de police Montmont, dans l'exercice
de ses fonctions, avec intention de lui donner la mort.

Zambeau, garçon d'hôtel, surprenant Prado en flagrant délit de vol, court à la poursuite; il va l'atteindre;
Prado braque son révolver; Zambeau hésite, s'arrête;
Prado gagne le large. Cependant, aux cris : Au voleur,
deux agents se précipitent. L'agent Montmont serre de
près le fugitif. Celui-ci se retourne, vise, tire à bout
portant. L'agent blessé à la tête continue la poursuite.
Quelques instants après, Prado est arrêté.

Prado nie l'intention homicide : il a voulu seulement
effrayer, ralentir la poursuite. L'intention homicide est
certaine. Il résulte des déclarations des agents que
Prado s'est arrêté, a regardé, visé, tiré à bout portant.
L'agent Montmont était au plus à vingt-cinq centimètres de distance. La balle a atteint l'agent à la tête,
mais a glissé; qu'elle eût dévié quelque peu, l'agent
était mort.

« A quoi bon tuer l'agent, dit Prado; deux cents
personnes suivaient, je ne pouvais échapper. » Cette

allégation est fausse. La foule était loin , sur le quai , près du pont. L'agent courait sur la berge. Le garçon d'hôtel Zambeau arrivait de l'autre côté de la berge , de manière à fermer le cercle. Tuer l'agent, c'était assurer la fuite.

Qu'importait à Prado de commettre un crime de plus? En la personne de cet agent de la loi, il voyait se dresser la Justice. Il a voulu, par un crime nouveau, retarder la suprême expiation. Cet homme sinistre, dont l'existence paraît n'avoir été qu'une insurrection permanente contre la société et les lois, pouvait-il terminer sa sanglante odyssée autrement que par un attentat contre un représentant de la société et des lois?

Telle est, accusé Prado, la longue série de vos crimes et de vos méfaits. Il s'en est fallu de peu qu'elle ne s'accrût d'un nouveau crime, l'assassinat de M. le juge d'instruction Gúillot. Si Garcia , votre coaccusé , se conformant aux instructions de la lettre remise par vous à Mauricette Couronneau [1], avait pu vous faire

(1) Lettre remise par Prado à Mauricette Couronneau et destinée à Garcia. Il s'agit de Garcia, le coaccusé de Prado, et non de José Garcia Jimeno, le témoin espagnol. Cette lettre, communiquée par Mauricette Couronneau pendant les débats, était incomplète, et certains passages, dans les parties conservées, avaient été effacés.

« ..... J'ai trouvé un autre moyen qui, celui-là, ne demande de votre part ni courage ni exposition. Aussi, je compte sur vous comme sur le Messie. Vous savez que Mauri parle avec moi quand nous voulons dans le petit cabinet du juge. Or, celui-ci aussi m'écoute en particulier quand je le lui demande. C'est grâce à ces circonstances que j'ai imaginé l'évasion la plus hardie qu'on puisse imaginer, sans risque et sûre. Je vais

parvenir un révolver, M. le juge d'instruction Guillot
serait mort à cette heure. Mais je ne sais , en vérité,
ce qui m'indigne le plus , de ce projet d'assassinat ou
des lâches imputations dirigées contre l'honorable magistrat. Prado, prétextant des révélations à faire à Mauricette Couronneau dans l'intérêt de leur enfant, obtint
des entrevues auxquelles M. le juge d'instruction con-
sentit à ne pas assister. Cette réserve honore le magistrat. Ne convenait-il pas d'atténuer les rigueurs de la
procédure criminelle en faveur d'un enfant dont le père,

lui demander une entievue ; je m'enferme avec lui, je lui fais un pieam-
bule pour savoir ce que vaut une paiole d'honneur, et puis brusquement
je lui braque un iévolver sur le nez en lui disant : « Monsieur, je sais
que vous êtes incapable de manquer à votre parole (et c'est vrai).
Vous allez me la donner que vous me laissez cinq minutes pour paitir
sans bouger ni pousser un cri ; si vous ne voulez pas, vous savez de
quoi je suis capable, et bien, foi de Piado, je vous brûle la ceivelle et
moi après : la liberté ou la mort. » C'est sûr qu'il y consentira ; il ne
peut pas moins faiie. Il sait que je suis capable de faire bien plus.
Alors je sois de là petite porte que je ferme du dehors et j'emporte la
clef, en cas qu'il manqueiait à sa paiole (ce que je ne crois pas) et j'ai
de toutes manièies le temps de gagner la salle des Pas-perdus. L'autre
porte qui donne dans son bureau, je l'aurais fermée des le début.
Quand lui vient me parlei, les gardes restent toujours dans son bureau.
Vous voyez que pour moi c'est une évasion qui devient un amusement
et qui fera rudement pailer. Il ne s'agit que d'avoir le iévolver et
comme une femme ne peut pas l'acheter, il faut que ce soit vous. Je
ciois que le iôle que je vous donne n'est pas au-dessus de vos foices
puisqu'il n'y a aucun danger. Quoi que ce soit qu'il aiiive, ce révolver
m'auia été donné par un suiveillant de Mazas que je ne veux pas
nommei pour ne pas le compiomettre, etc., etc. Enfin vous savez
l'homme que je suis, de mon côte il n'y a aucune ciainte. D'autant
plus que la chose est aussi sûie que boire un verre d'eau, et le juge
seia le premier à diie tout — moins que je l'ai intimidé avec une
arme. J'arrangerai cela avec lui. Demandez à Mauri comme je le ca-
rotte. Il me semble voii la figuie qu'il va faire devant mon iévolver.

sous le coup d'une accusation capitale, refusait obstinément de livrer son identité, à moins qu'il ne fût
laissé seul à seul avec la mère et pût l'entretenir sous
le sceau du secret? Prado s'est joué de la confiance du
juge. Ces entrevues secrètes devaient faciliter son projet
d'évasion. Pourrait-on en douter après les déclarations
si formelles de Mauricette Couronneau et la lettre produite aux débats? Et cependant à l'audience, Prado,
cynique, insolent, ose alléguer que ces entrevues solli-
citées par lui n'avaient été autorisées par le juge qu'afin

Il ne demandera pas mieux que de me voir loin en ce moment-là, surtout d'après l'idée qu'il a de moi. Aussi est-ce sûr! Donc aussitôt que
vous aurez ma lettre, sans perdre un instant, vous irez m'acheter un
révolver, de ceux qu'on appelle bull-dogg (bouledogue). Ce sont des
révolvers dont le canon est très court, mais d'un calibre fort, de neuf
à douze millimètres. Vous comprenez que pour intimider un homme il
faut une grosse balle, et si je me fais sauter la cervelle, je ne veux
pas me rater et souffrir. Donc, je préfère douze millimètres. Vous
verrez, quoique d'aussi fort calibre, ils rentrent presque dans la poche
du gilet. Je sais comment m'arranger pour le rentrer à Mazas et l'en
sortir sur moi. En cas que vous n'auriez pas d'argent, trouvez-en, coûte
que coûte, à tout prix. A la dernière extrémité, vous iriez chez Eugénie,
rue Saint-Georges, 46; vous lui diriez que vous en avez besoin pour
moi, que c'est de ma vie qu'il s'agit, et surtout vous lui diriez qu'elle
n'a pas à me craindre, que je ne lui en veux pas, comme elle pourrait
le croire. Elle vous donnera l'argent, quand même elle devrait l'emprunter. D'ailleurs ce revolver ne peut coûter que de 20 à 30 francs.
S'il y a quelque argent de reste, vous l'enverrez aussi, que je prenne
une voiture. Vous enverrez aussi un col de chemise. Il faut que tout
soit fait à la minute, de manière que Mauri me l'apporte demain jeudi.
Mon instruction n'a que deux ou trois jours à durer. Je ferai aussitôt
le malade pour n'être appelé que la semaine prochaine, afin que je sois
resté quelque temps incommuniqué. Mauri pendant ce temps-là sera
partie à Bordeaux. Voyez si vous savez où je pourrais me cacher?.....
Vous le diriez à Mauri qu'elle me le dise. Moi je sais bien où aller,
mais ce n'est pas sûr, parce que vous savez bien qu'on ne peut se fier

d'obtenir de Mauricette Couronneau des déclarations
favorables à la prévention! Lorsque ces allégations
outrageantes se sont produites, M. le président des
assises et le ministère public se sont tus. Il leur a semblé que dans une affaire aussi grave, la défense devait
pouvoir user de libertés même excessives. Mais aujour-
d'hui que les débats sont terminés, je ne suis plus tenu
à la même réserve, je relève l'outrage et je considère
comme un devoir de rendre du haut de ce siège, avec
l'autorité qui s'attache à ma parole, un public hommage

à personne. D'autant plus que je voudrais rester à Paris pour gagner
quelques milliers de francs que me donnera un journal pour publier
ma vie, mon procès, etc. On m'en a déjà parlé..... Vous voyez que cette
fois je ne vous demande pas grand'chose pour me sauver la vie en
compagnie de ma Mauri que j'aime tant comme vous le savez. Si vous
pouvez, passez-vous d'Eugénie, mais surtout ne lui faites pas voir de
lettre que vous déchirerez d'ailleurs aussitôt. Vous savez aujourd'hui
ce qu'il en coûte de garder des lettres sur soi et combien vous auriez
dû écouter mes conseils sur cet article. Si j'avais eu cette idée d'évasion plus tôt je ne serais plus à Mazas! Ce que j'y souffre! Je compte
sur vous. Mauri vous dira tout le reste. Il faut que sans faute elle
puisse m'apporter ça demain jeudi. Un jour de retard me perdrait.
D'autant plus que si je ne voyais pas qu'elle me l'apporte, je pourrais
croire que réellement vous désirez ma mort et changer en fiel et en
colère tous les bons sentiments de mon cœur et faire germer en moi
des idées que je veux jusqu'alors tenir éloignées du genre de conduite
que je me suis imposé. Pensez à tout ce que je ferais plutôt que de
savoir que ma Mauri peut être à un autre. Je la perdrais elle-même.
J'aimerais mieux la savoir en prison que possédée par un autre qui,
je le sais, l'a demandée en mariage. Au moins j'aurais le temps de
revenir de la Nouvelle-Caledonie pour empêcher une pareille mons-
truosité. Je la tuerais plutôt. Je l'aime tant! Vous le savez bien.....
Mais point de tristes idées. Soyons unis. Aimons-nous. Prado vaut la
peine d'être adoré, croyez-moi tous! Personne ne sait le cœur que j'ai.
Au revoir. Sauvez-moi! Par ma fille! Comme je suis sûr de réussir,
tâchez de voir où j'aurai un abri sûr. Que je serai heureux! »

à un magistrat éminent qu'entoure l'estime respectueuse de ses collègues et de ses chefs. Accusé, Prado, vos allégations sont une infamie.

Mais qui donc êtes-vous? La question demeure toujours sans réponse. Que m'importe au surplus votre nom? Votre existence n'est qu'une suite ininterrompue de turpitudes ou de méfaits. Pas une bonne action dont vous osiez vous vanter! Pas un jour, pas une heure consacrés au travail, au bien! La prostitution, le vol, l'assassinat, voilà vos moyens d'existence! La pince-monseigneur, les fausses clefs, le révolver, le poignard, voilà vos instruments de travail! Quand donc la société sera-t-elle débarrassée. d'un malfaiteur aussi dangereux?

DEUXIÈME PARTIE.

COACCUSÉS DE PRADO.

—

Malgré son audace et les ressources prodigieuses de son esprit, Prado ne pouvait, du moins pour les vols, opérer seul. Sans doute, il se chargeait seul de l'exécution. « Je me défie de l'habileté des complices, dit-il quelque part, et quand mon esprit a conçu un projet, ma main l'exécute aussitôt. » Mais une fois les vols accomplis, Prado ne pouvait se flatter d'en écouler seul les produits. Il eût fallu trop de temps et c'était s'exposer à de graves dangers. Tout voleur de profession groupe autour de lui des recéleurs. Le recéleur c'est en quelque sorte le creuset dans lequel les objets volés se transforment et disparaissent. Grâce aux recéleurs, le voleur ne garde chez lui aucun objet compromettant et les perquisitions à son domicile demeurent infructueuses.

Il fallait à Prado, voleur de profession, des complices par recel. Il les trouva aisément. Indépendamment de ses deux maîtresses, Eugénie Forestier et Mauricette Couronneau, Prado avait attiré ou rencontré, sur le pavé de Paris, Garcia, Ibanez, Andrès, Mathilde Daull, la femme Pablo. Tous déclassés, sans ressources, acculés aux expédients, maris séparés de

leurs femmes, femmes ayant abandonné leurs maris,
amants et maîtresses, vivaient dans la promiscuité de
la débauche et du vol. « C'était une vilaine populace, »
a dit la femme Westermann, logeuse, rue Richelieu,
faisant allusion à leurs allées et venues, à leurs conciliabules dans la chambre de Prado.

L'industrie du vol n'était sans doute pas suffisamment lucrative. On y joignit la fabrication de traites
fausses. La police a saisi dans la chambre de Garcia
un sac contenant tout l'attirail nécessaire à la fabrication de traites fausses : timbres en métal et en caout-
chouc, tampons, bouteilles d'encre, traites en blanc,
listes de commerçants. Pendant leur détention à Marenne, les inculpés se préoccupaient de faire disparaître ce sac compromettant. Ils chargèrent un codé-
tenu, Chipito, de se rendre, dès sa libération, au
domicile de Garcia et de jeter le sac à la Seine. En
outre, une lettre de Garcia, reproduite à l'autographie, pages 90-95, numéro 42, donne à une dame
Jules des indications précises sur la cachette du sac
et sur son contenu, ainsi que des instructions très
complètes sur l'usage à faire des traites et les moyens
de les supprimer au plus vite. Il y a tout un dossier
relativement à la fabrication des traites fausses, mais
il est inutile de le parcourir plus avant, le fait de
la fabrication des traites fausses n'étant retenu que
comme élément de moralité. Il n'y a eu ni émission
de traites fausses, ni tentative d'émission suffisamment caractérisée au point de vue pénal.

Un chef unique de prévention est relevé contre les
coaccusés de Prado : complicité par recel du vol de
bijoux commis par Prado à Royan, dans la nuit du
24 au 25 août, au préjudice du sieur Forgerit. De
l'aveu des accusés eux-mêmes il résulte que chacun
d'eux a reçu, gardé, engagé, vendu des bijoux provenant du vol. Chacun d'eux a été trouvé porteur ou
nanti de bijoux ou de reconnaissances du Mont-de-
Piété. Eugénie Forestier, Mauricette Couronneau
avouent franchement, sans ambages, qu'elles connais-
saient la provenance frauduleuse des bijoux. Garcia,
Mathilde Daull, sa maîtresse, Andrès, la femme
Pablo, sa maîtresse, Ibanez tentent de plaider la bonne
foi. Ils ignoraient le vol. En vérité, c'est se moquer!
Comment! Prado n'a ni profession, ni ressources; tout
à coup, il apparaît les mains pleines de bijoux riches
et variés. Il en fait des largesses; on vend de divers
côtés ces bijoux, on les engage sous des noms fictifs;
des réunions incessantes, des conciliabules sont tenus
dans la chambre de Prado ou dans celle de Garcia; on
partage le produit des ventes et des engagements; les
bijoux qui portent des signes caractéristiques, compro-
mettants, sont démontés, grattés. Pourquoi ces allées
et venues mystérieuses, pourquoi ces précautions?
Pourquoi, l'arrestation de Prado connue, tous les coaccusés combinent-ils leurs efforts pour le couvrir et le
sauver? Prado est manifestement leur chef : il est de
ce grand corps de voleurs l'âme toute-puissante.

Ces considérations générales démontrent jusqu'à l'évidence la culpabilité des coaccusés de Prado. Il est, dès lors, inutile d'entrer dans les détails : ce ne seraient que redites fastidieuses. Quelques mots suffiront pour permettre à la Cour d'apprécier exactement le degré de culpabilité de chaque accusé.

§ 1. *Garcia.* — *Mathilde Daull.*

. . . .

. . . .

§ 2. *Roberto Andrès.* — *Encarnacion Pradès, femme Pablo.*

. . . .

. . . .

§ 3. *Ibanez.*

. . . .

. . . .

§ 4. *Eugénie Forestier.*

. . . .

. . . .

§ 5. *Mauricette Couronneau.*

Les forces physiques me trahissent-elles? Ou bien suis-je envahi par un sentiment de pitié? L'accusation, lasse de requérir tant de condamnations, faiblit. J'ai quelque effort à faire, je l'avoue. De ce groupe d'hommes et de femmes mêlés, gens sans aveu, débauchés, scélérats, Mauricette Couronneau se détache. Quand Prado l'a saisie pour la jeter dans la tourmente, elle était jeune, confiante et pure. Honneur, amour, illusions, ces fleurs de sa couronne, au souffle délétère du

criminel Prado, sont tombées une à une. L'infortunée!
Elle rougit de sa maternité et son enfant l'attache à
jamais à ce passé de douleur et de honte. Quelle expiation! La justice humaine pourrait-elle infliger un
châtiment plus sévère?

Pourtant la loi m'oblige à requérir contre elle.
D'après ses aveux réitérés, elle a accepté, vendu,
donné en gage des bijoux sachant qu'ils provenaient
de vol. La participation au recel a même été très active.
Mais peut-être estimerez-vous que la jeunesse, l'inex-
périence, l'ascendant qu'exerçait Prado atténuent la
faute, effacent même toute criminalité.

TROISIÈME PARTIE.

PÉRORAISON.

—

J'ai fini, messieurs les Jurés. Le ministère public défère à votre justice huit accusés. En ce qui concerne les coaccusés de Prado, vous aimerez à vous mouvoir en toute liberté dans le cercle des questions qui vous seront soumises. Que vous fassiez une part plus ou moins large à l'indulgence et à la pitié, l'accusation n'en sera ni peinée, ni surprise. Permettez-moi cependant une considération. Sans doute, la justice est due à l'homme bien plus qu'au citoyen, et je rabaisserais mon rôle si j'osais faire appel à un sentiment qui s'écarterait de la notion absolue du juste. Mais, ne suis-je pas autorisé à dire? « Ibanez, Garcia, Andrès, femme Pablo, vous appartenez à une nationalité étrangère. La France offre aux étrangers une hospitalité large, confiante, ils jouissent de la protection de ses lois. Elle est en droit d'exiger des étrangers, plus que des nationaux peut-être, le respect absolu de l'ordre et des lois. Pourquoi donc, vagabonds et débauchés, venez-vous sur le sol français prêter la main à l'assassinat et au vol? Pourquoi venez-vous accroître dans ce grand Paris les recrues de l'armée du mal? Le juge

français vous doit la justice, il ne vous doit ni l'indulgence ni la pitié. »

Il me reste à remplir un devoir douloureux. Les
crimes commis par l'accusé Prado entraînent la peine
de mort. Puisqu'il n'est pas donné à la nature humaine
de contempler la vérité éternelle, de posséder la certitude absolue, la loi, œuvre des hommes, peut-elle
décréter la mort, peine irréparable? Question grave et
troublante qui souvent envahit mon esprit, mais que
ni vous, messieurs les Jurés, ni moi, ministère public,
n'avons le droit de nous poser et de résoudre ici. Nos
sentiments intimes disparaissent absorbés dans la grandeur et la beauté du rôle que la loi nous confie, et
je ne connais pas, pour ma part, de spectacle plus
affligeant que celui qui serait donné par des magistrats
retournant contre la loi l'autorité dont la loi elle-même
les investit. Ministres de la loi, soyons durs et froids
comme elle. La loi commande, obéissons.

Que la peine de mort soit ou non légitime, quel criminel l'encourut plus justement que l'accusé Prado?
Doué des facultés les plus brillantes, il les a tournées
obstinément vers le mal. Intelligence d'élite, imagination de poète, caractère énergique, au lieu de s'élever
à la contemplation du beau, de parcourir la voie du
bien dont les accès s'ouvraient à lui si faciles, il a
donné libre cours à ses indomptables passions. Il a passé
comme un fléau, portant le deuil, le déshonneur, la
mort. Ah! quand on considère tant de dons et une telle
perversité, une existence encore aussi courte et une

aussi longue série de méfaits, on se surprend à douter
que la Justice divine ait déposé dans toute conscience
humaine la notion primordiale du bien. Mais non!
comme chacun de nous, cet homme a eu son libre arbitre. La justice humaine a le droit de frapper. Non
sans émotion, mais du moins sans faiblesse, puisque
la loi ordonne, je requiers contre l'accusé Prado la
peine capitale.

ASSASSINAT DU BOULEVARD SAINT-GERMAIN

(Caporal GÉOMAY)

ASSASSINAT DU BOULEVARD SAINT-GERMAIN

(Caporal GÉOMAY)

—————

NOTICE

—————

Dans la soirée du 13 janvier 1889, la veuve Roux, négociante en vins à Paris, boulevard Saint-Germain, numéro 234, fut assassinée. Un fragment d'une enveloppe de lettre portant les mots : caporal Géomay, Saint-Quentin, trouvée près du cadavre, permit de découvrir promptement le coupable. Condamné à mort par arrêt de la Cour d'assises de la Seine en date du 26 mars, le caporal Fulgence Géomay fut exécuté à Paris le 22 mai.

Avocat : Mᵉ Henry ROBERT.

COUR D'ASSISES DE LA SEINE

Présidence de M. le conseiller Ernest Dupont

RÉQUISITOIRE[1].

MESSIEURS LES JURÉS,

Le 28 décembre, Prado était exécuté place de la Roquette. La peine de mort n'est-elle donc pas exemplaire? Ne produit-elle pas un effet intimidatif? Les criminels sont-ils les victimes d'une insurmontable fatalité? Certains individus sont-ils pervertis à ce point que ni le châtiment des coupables, ni la crainte du châtiment pour eux-mêmes ne les arrête dans l'accomplissement d'un projet criminel? Je ne sais; mais le 13 janvier, quinze jours à peine après l'exécution de Prado, en plein Paris, boulevard Saint-Germain, un dimanche, à 9 heures du soir, l'accusé Géomay, jeune soldat, assassinait une femme de soixante ans! Et ce crime, consommé froidement, sans émotion, sans trouble, était la réalisation d'un projet depuis longtemps conçu.

(1) Audience du 26 mars 1889.

Dans un de ses premiers interrogatoires, l'accusé a laissé échaper un aveu bien significatif. « Il y a trois années environ, a-t-il dit, j'avais connu la veuve Roux. Chargé par elle à plusieurs reprises de commissions, j'avais remarqué les dispositions de l'appartement. La veuve Roux vivait seule, sans domestiques, sans employés. On savait généralement qu'elle était riche. Ces détails me sont revenus bien souvent à l'esprit pendant que j'étais au régiment. Il me fallait de l'argent. L'idée m'est venue, ce sont ses expressions mêmes, de « faire un coup » chez la veuve Roux. Cette idée m'a obsédé et j'ai pris une permission de quatre jours pour venir à Paris. »

Comprenant la gravité toute particulière d'un pareil aveu, l'accusé s'est rétracté dans les interrogatoires postérieurs, reconnaissant toutefois, et il a constamment persisté dans cette déclaration, soit à l'instruction, soit à l'audience, que la résolution d'assassiner la veuve Roux avait été définitivement arrêtée par lui dans la nuit du 11 au 12 janvier, c'est-à-dire dans la nuit du vendredi au samedi, et que cette résolution s'était maintenue jusqu'au moment du crime.

Sans doute, cette sorte de préméditation lointaine, remontant à trois années environ, ne présente pas les éléments de continuité, de persévérance, et, si je puis ainsi m'exprimer, de ténacité qui constituent la préméditation proprement dite, telle que la loi pénale la comprend et la définit. Mais du moins je suis autorisé, par les aveux mêmes de l'accusé, à produire cette

affirmation : longtemps, bien longtemps avant l'accomplissement du crime, l'accusé a envisagé l'éventualité
d'un assassinat, il a considéré l'assassinat comme un
moyen de saisir la fortune , et cette idée, par une sorte
de suggestion, d'obsession, a peu à peu envahi son
esprit. Au lieu de résister, de réagir, il s'est accoutumé
complaisamment à elle, lui laissant prendre pleine possession de sa volonté.

Si l'on en croit les assertions des psychologues et des
moralistes, l'individu que hante une idée criminelle
concentre en quelque sorte sur l'exécution toutes les
facultés de son intelligence. L'esprit constamment tendu, il dirige ses réflexions, ses lectures, sa volonté
vers cet unique objectif : à quels moyens recourir et
comment échapper au châtiment. Assurément les causes criminelles les plus célèbres de ces deux dernières
années, les plus retentissantes pour un individu du
milieu social auquel appartient l'accusé, sont le procès
Pranzini et le procès Prado. Eh bien! il est manifeste
que dans son premier système de défense, l'accusé s'est
inspiré des indications fournies par les débats du procès
Pranzini et du procès Prado.

« Où avez-vous passé la journée du dimanche 13
janvier? De qui proviennent cette montre de femme et
cette chaîne saisies en votre possession? » demande
le juge d'instruction lors du premier interrogatoire.
« J'ai passé la journée de dimanche à Colombes chez
une femme que je ne veux pas nommer, et c'est d'elle
que je tiens cette montre. » Ainsi parlait Pranzini. Le

lendemain, 16 janvier, à la morgue, nouvelle version.
« Tenez, monsieur, j'aime mieux vous dire la vérité.
Hier et ce matin je n'ai pas voulu parce que j'étais en
présence d'officiers et de sous-officiers de mon régiment, mais maintenant je vais tout vous dire. Je n'ai
pas tué mais j'avoue que j'étais-là. Ce n'est pas moi qui
l'ai fait, je me suis laissé entraîner bêtement... Un
individu que je ne connaissais pas a lié conversation
avec moi... Je ne sais que son prénom Louis...
J'affirme que j'ai dit la vérité. Ce n'est pas moi qui ai
tué la femme, j'ai seulement partagé avec mon compagnon le produit du vol. » Ceci c'est du Prado. Du
moins entre cette explication fantaisiste et l'un des systèmes de défense proposés par Prado, l'analogie est
saisissante. Ainsi, l'accusé Géomay, résolu à s'enrichir
par l'assassinat, suivait une idée fixe et retenait des
débats criminels les indications qui, plus tard, pour-
raient utilement servir à sa défense.

Mais arrivons à la préméditation. La préméditation,
c'est l'élément constitutif, essentiel de l'assassinat. A
défaut de préméditation, l'homicide volontaire est qua-
lifié meurtre. La peine varie : pour le meurtre, les travaux forcés; pour l'assassinat, la mort. Cette différence
de qualification et de pénalité s'explique aisément.
Chez le meurtrier, la volonté criminelle surgit en quelque sorte tout à coup sous l'influence d'une passion vivement excitée. L'entraînement est subit, instantané.
Aucun intervalle ne s'écoule entre la pensée et la mise
à exécution. L'assassin au contraire arrête sa résolution

de sang-froid, il réfléchit, médite, combine les moyens d'exécution. Aux termes de l'article 297 du Code pénal, « la préméditation consiste dans le dessein formé avant l'action d'attenter à la personne d'un individu déterminé. » L'accusé Géomay a-t-il, antérieurement à la soirée du dimanche 13 janvier, formé le dessein de tuer la veuve Roux? Incontestablement. Admettons, pour faire la part large à la défense, que l'accusé, quand il a sollicité la permission de quatre jours pour venir à Paris, espérait obtenir de sa mère les fonds dont il avait besoin. L'hypothèse pourtant est bien peu vraisemblable. Pouvait-il ignorer, en effet, que sa mère était dans une situation précaire, presque misérable? Du moins cette espérance s'était évanouie dans la matinée du vendredi 11 janvier. Il sait en effet, dès le vendredi matin, par les indications de Dandelot, que sa mère est en prison pour vol. Dès lors, de sa mère il ne peut rien attendre. Que ne retourne-t-il à Saint-Quentin? Il lui faut de l'argent à tout prix. Comment pourrait-il rentrer au régiment sans payer ses dettes criardes? Comment reparaître les mains vides devant Henriette C., à qui il a promis tant de cadeaux? Comment soutenir la situation de fils de famille qu'il s'est attribuée faussement par une sotte vanité? La veuve Roux est riche, il tuera la veuve Roux pour s'emparer de l'argent et des titres. « La pensée du crime, dit-il au juge d'instruction dans son interrogatoire du 14 février, ne m'est venue que le vendredi soir, ou plutôt dans la nuit du vendredi au samedi, après que Dandelot m'eut appris que ma mère était arrêtée. Il me fallait, en effet, de l'argent à tout prix, et je ne voyais pas d'autre moyen de m'en procurer. »

Ainsi, de l'aveu même de l'accusé, c'est au moins dans la nuit du 11 au 12 janvier que sa résolution est prise. Désormais elle est ferme, irrévocable. Aussi va-t-il marcher droit vers son but sans se laisser détourner. Dans le magasin de Dandelot, il aperçoit un marteau à manche court; il s'en empare à l'insu de Dandelot et le dissimule dans la poche de sa capote. Ce sera l'instrument du crime. A cinq heures du soir, il quitte Dandelot, annonçant qu'il part pour Saint-Quentin. Pourquoi n'a-t-il pas exécuté son dessein criminel ce soir même? Je ne sais. Il passe la nuit chez Payer, rue Mouton-Duvernet. Dans la journée du dimanche, il se promène avec son ancien camarade de régiment, Dufays. Vers le soir, il s'en sépare. La nuit est venue. Il se dirige vers la boutique de la veuve Roux. Un bec de gaz brûlait encore près du bureau. Craignant d'être aperçu, il fait quelques pas jusqu'au carrefour de la rue du Bac, épiant le moment favorable. L'armature de fer, qui, la nuit, protège la boutique, commence à s'abaisser. Il entre, assène sur la tête de la malheureuse femme un coup mortel, se précipite sur la manivelle, manœuvre vivement, ferme la devanture.

Vous connaissez les détails, détails horribles du crime. Avec quelle sauvagerie l'accusé a frappé, je devrais dire broyé sa victime! Il me serait facile de provoquer l'émotion, d'exciter votre sensibilité! Mais c'est à votre raison seule que je veux m'adresser. Demeurez froids et maîtres de vous-mêmes comme il convient à des juges. Un assassin n'est, après tout, responsable, en stricte justice, que du coup mortel volontairement donné. Qu'importe qu'il s'acharne sur le cadavre? Il frappe inconsciemment. L'ivresse du crime emporte la raison. L'homme disparaît, c'est la brute qui agit.

Mais quand un malfaiteur n'est pas irrémédiablement perverti, quand· quelque lueur morale éclaire encore sa conscience, le crime accompli, la surexcitation tombe, il s'affaisse anéanti; la prostration est complète, ou bien, hanté par le remords, affolé, il se livre à la justice, sollicitant l'expiation, proclamant ainsi la souveraineté absolue de la loi morale qu'il avait cru pouvoir violer impunément!

Chez l'accusé, après le crime, ni émotion, ni défaillance, ni remords. A côté du cadavre, autour d'une mare de sang, il procède à une visite attentive, minutieuse de l'appartement, fouillant les meubles, ouvrant les tiroirs, faisant main basse sur l'argent. Vers une heure du matin il sort. Sur le Pont-Neuf il jette à la Seine le marteau et le mouchoir taché de sang. Puis il s'attable chez un marchand de vin, va dormir quelques heures à peine dans un garni des Halles. Dans la journée, il fait ses emplettes aux grands magasins, visite ses amis. Le soir, à Saint-Quentin, dans la famille C., on festoie. Henriette C. reçoit les cadeaux promis. Causeries et libations se continuent bien avant dans la nuit. A huit heures du matin il

reparaît au bureau. Avec les camarades, il roule de
cantine en cantine, de buvette en buvette. Et pendant
ce long laps de temps, deux nuits, deux jours, l'accusé
ne manifeste aucun trouble. Aucune altération sur ses
traits, ni dans le son de sa voix! Le calme est absolu,
la sérénité parfaite, l'assurance imperturbable. Enjoué,
plein d'entrain, il régale, se complaisant en de nombreux détails sur son voyage à Paris.

On l'arrête. Avec quelle merveilleuse lucidité d'esprit il répond aux interrogatoires et combine ses
moyens de défense! Deux fois interrogé à Saint-
Quentin, il nie. Le lendemain, à Paris, à la morgue,
devant le cadavre, il nie encore, imaginant cet étonnant
récit de la rencontre fortuite d'un tiers qui serait l'assassin et dont il aurait reçu les objets volés comme
complice par recel. Ce n'est que le 16 janvier au soir,
à onze heures, dans les bureaux du service de la sûreté
qu'il avoue! Éprouve-t-il du moins de sincères regrets?
Non. Les interrogatoires se succèdent, les témoignages
sont recueillis, les confrontations ont lieu. C'est seulement à la date du 14 février, un mois après le crime,
qu'on l'entend, pour la première fois, exprimer des
regrets. Ah vraiment! une telle insensibilité me confond et me déconcerte! Le libre-arbitre ne serait-il
qu'un vain mot? Dans cet effondrement par le crime,
tout sentiment humain a sombré, aucune notion morale
n'est demeurée debout.

Le mobile du crime, c'est le vol. « J'ai pris le parti
de tuer la veuve Roux pour m'emparer de son argent,

voulant en finir avec l'existence que j'avais menée jusque-là. » Ainsi s'est exprimé l'accusé dans un interrogatoire du 16 janvier. Comment a-t-il osé parler ainsi ? Certes, l'accusé n'appartient pas à cette catégorie de misérables et de déclassés qui, dès leur enfance, sont jetés sur le pavé des rues, que la misère incite au vice et au vol, que le vice et le vol entraînent au crime. Sa famille l'a élevé dans des conditions relatives de bien-être. Il a reçu une instruction primaire complète. A la mort de son père, survenue seulement au mois de février 1883, il était âgé de quinze ans, et pendant l'absence de sa mère, une bonne fidèle, dévouée, s'est attachée à la maison. Au régiment, grâce à son instruction, il avait été choisi par le major comme secrétaire, jouissant, à ce titre, de facilités et d'avantages exceptionnels. Il devait, en peu de temps, passer au grade de sous-officier et ses chefs lui faisaient entrevoir, dans un avenir prochain, l'épaulette de sous-lieutenant. Que lui manquait-il donc ? Sa carrière était honorable, facile, largement ouverte. Dans sa condition sociale, c'était un privilégié.

Dira-t-on que la mère de l'accusé a été pour lui d'un exemple funeste ? Cette allégation serait sans portée dans la cause actuelle. La mère de l'accusé, condamnée pour banqueroute frauduleuse par la Cour d'assises du Morbihan, a été libérée au mois d'octobre 1884. Deux ans après, exactement au mois d'octobre 1886, l'accusé s'est engagé. Pendant cet intervalle de temps, la conduite de la mère paraît avoir été irréprochable :

la première condamnation pour vol date du 7 janvier
1888. On ne peut donc raisonnablement soutenir que
le mauvais exemple a exercé une influence décisive.
L'accusé intelligent, instruit, a la notion bien nette
du juste et de l'injuste. Sa conscience l'a certainement
averti. C'est de propos délibéré, de sang-froid, avec
lucidité d'esprit, par une lente préméditation qu'il a
combiné et consommé le crime!

Je n'aperçois donc au crime ni excuse ni cause d'atténuation, et me voilà contraint à regret, par la volonté
inflexible de la loi, de requérir un verdict sans pitié.

Dans une précédente affaire, j'avais sous une forme
voilée et discrète émis des doutes, formulé des réserves
sur la légitimité de la peine de mort. Mes paroles,
qu'on n'a pas d'ailleurs textuellement reproduites, ont
été taxées d'imprudence. Imprudence? Et pourquoi?
S'imaginerait-on que le Gouvernement de la République, oublieux des prérogatives de la magistrature,
oserait demander compte à un magistrat de ses conclusions en audience publique? De quelle autorité notre
fonction serait-elle investie si ceux qui nous écoutent
n'avaient la certitude que le ministère public s'exprime
en toute liberté? Qui ne comprend que les intérêts
supérieurs de la justice sont indissolublement liés à
l'indépendance absolue du magistrat parlant du haut de
son siège? Non, non, mes paroles n'étaient pas impru-
dentes; elles étaient la manifestation, assurément légitime, des hésitations d'une conscience que trouble la
fragilité des jugements humains et qu'inquiètent les

grands problèmes psychologiques et moraux posés par les penseurs modernes. Mes doutes ne se sont pas dissipés, mes réserves, je les maintiens.

Mais ce n'est pas à dire que chargé de requérir l'application des lois, je vais faillir à mon devoir. S'il en est parmi vous, messieurs les Jurés, dont les sentiments personnels soient conformes aux miens, je vous adjure de les refouler. Ainsi le veut la loi. Inclinons-nous les uns et les autres avec déférence et respect : il n'est pas de sacrifice qui coûte quand il est commandé par l'obéissance à la loi.

Dans la cause actuelle, toute défaillance serait sans excuse. Sans cette circonstance particulière, exceptionnelle qu'il était en permission régulière, le caporal Géomay aurait comparu devant un conseil de gerre et déjà subi la suprême expiation. Pour un manquement grave à la discipline, pour une simple voie de fait envers son supérieur, un militaire est passé par les armes· Aujourd'hui la question est plus haute. Il s'agit de l'honneur de l'armée. Que penseraient de votre juridiction les chefs de l'armée si votre verdict osait proclamer qu'un soldat, vêtu de l'uniforme, a pu, pour le plus vil mobile, assassiner une femme. et qu'un tel crime ne vous a pas paru comporter le dernier châtiment? Vos prédécesseurs n'ont pas hésité à condamner sans pitié le jeune soldat Cornu, le jeune soldat Schumaker. N'hésitez pas davantage. Alors surtout que le devoir est douloureux, le magistrat l'accomplit résolument et avec fermeté.

CRIME D'AUTEUIL

(Assassinat et vol)

CRIME D'AUTEUIL

(Assassinat et vol)

Le 19 mars 1889, quatre malfaiteurs pénètrent, à l'aide d'escalade et d'effraction, dans une villa, en apparence inhabitée, sise à Auteuil (Seine). Au premier étage, dans le vestibule, un jeune jardinier, Bourdon, préposé à la garde de la villa pendant la nuit, était couché. Trois des malfaiteurs se précipitent sur lui, le bâillonnent et le tuent en quelques instants. La maison parcourue de bas en haut, tous les meubles vidés, les malfaiteurs s'enfuient, emportant les objets volés. Une ronde d'agents tente de les arrêter sur la route. Un seul, Alorto, est pris. Dans la lutte, un coup de feu est tiré sur un agent. Déférés à la Cour d'assises de la Seine, Alorto, Sellier, Mécrant reconnus coupables d'assassinat et de vol, Catelain reconnu coupable de vol et de tentative de meurtre sur la personne d'un agent de la force publique, sont condamnés, par arrêt en date du 29 juin, les trois premiers, à la peine de mort, Catelain, à la peine des travaux forcés à perpétuité. Mécrant bénéficia d'une commutation de peine. Alorto et Sellier furent exécutés à Paris le 17 août.

Avocats : MMes Léon pour Alorto, Decori pour Sellier, Alpy pour Mécrant, Leredu pour Catelain.

Présidence de M. le conseiller Edmond Caze

RÉQUISITOIRE[1]

MESSIEURS LES JURÉS,

Malgré l'atrocité du crime, je ne puis dominer un profond sentiment de tristesse. Il m'en coûte beaucoup de requérir, même de par la volonté impérieuse, souveraine de la loi, une triple condamnation capitale. Les accusés Alorto, Sellier, Mécrant sont jeunes encore, Mécrant est presque un enfant. Leur condition sociale les aidait à se bien comporter dans la vie, à devenir des citoyens utiles. Chacun a une famille, son père, sa mère. Infortunés parents! L'infamie d'une exécution capitale rejaillira sur eux.

Mais ce cri de commisération douloureuse à peine échappé au cœur de l'homme, le magistrat se ressaisit aussitôt. Ce crime horrible exige une répression impitoyable, publique, exemplaire. Depuis quelques années l'audace des malfaiteurs est vraiment impu-

(1) Audience du 29 juin 1889.

dente! En guerre ouverte avec la société, organisés
pour le vol et l'assassinat, ils font fi de la vie humaine.
Faut-il donc que la Société se décourage, qu'elle abdi-
que son droit de défense et de préservation? Non!
Qu'elle tienne ferme au contraire, qu'elle intimide par
un châtiment implacable; dans cette lutte inégale,
si les magistrats savent ne pas faiblir, les malfaiteurs
seront vaincus.

Qu'importe la jeunesse des accusés? Qu'importe leur
famille? Il était jeune et plein de vie le malheureux
Bourdon qu'ils ont frappé sans pitié. C'était un travail-
leur honnête, un fils aimant, dévoué, seul soutien,
dernière consolation de sa mère. Informée de l'assassinat, la mère accourt à Paris. Le juge d'instruction,
par un sentiment de délicatesse et d'humanité qu'il
convient d'approuver, l'engage à ne pas insister pour
voir le cadavre. « Mais du moins, dit-elle, qu'on me
montre l'assassin de mon fils. » Les accusés sont confrontés. Sellier avoue avoir porté deux coups. Qui,
d'Alorto ou de Sellier, a porté le troisième? Une discussion s'engage. « Ah! j'entends, s'écrie la malheureuse mère. Oh les misérables! Mais tout cela ne me
remet pas de mon malheur! Qui me rendra mon enfant? »

Oui, les misérables! ils avaient tué froidement, avec
la férocité de la bête fauve. Sont-ils des êtres inconscients? Une sorte de fatalité originelle les prédestinait-
elle au crime? je voudrais le penser. Parfois dans
notre société d'une organisation encore imparfaite, des

enfants jetés sur le pavé des rues, abandonnés sans guide, sans direction sont en quelque sorte enveloppés, saisis par le mal dès leur plus jeune âge : le sens moral, la notion du juste dorment en léthargie. Ces déshérités de la vie, qui glissent au vice et au crime sur une voie tracée d'avance, ont droit à l'indulgence du juge. Mais, parmi les accusés, il n'en est pas un seul que son origine, que les conditions de sa famille aient voué à l'inconduite et au mal. Alorto! Ses parents sont des propriétaires-agriculteurs d'un petit village d'Italie. Deux de ses frères sont établis dans le pays. Que n'est-il demeuré auprès d'eux, goûtant la vie calme et heureuse des champs! Sellier, lui aussi, est fils de cultivateurs. Ceux-ci habitent Aubervilliers. « Dans ma jeunesse, dit-il à l'instruction, j'ai été élevé surtout par mon père. Il était fort instruit. J'ai appris beaucoup plus avec lui que dans les diverses écoles où j'ai pu passer. » Mécrant! Son père et sa mère se sont imposés pour lui les plus lourds et d'incessants sacrifices. Pension, lycée, école municipale Colbert, apprentissage dans diverses maisons de commerce, tout a été tenté. « Ce n'est pas, dit son père, ni la morale, ni les bons principes qui lui ont manqué. J'ai fait tout ce qu'il était possible de faire. » A son tour, Mécrant s'est ainsi exprimé : « Je n'ai jamais eu que de bons exemples sous les yeux; je ne les ai pas suivis comme tous ceux qui tournent mal. Je n'ai rien à reprocher à mes parents qui ont toujours été bons pour moi. J'aurais été heureux si j'avais voulu. Mes parents m'entrete-

naient et me donnaient de quoi m'amuser gentiment.
Mon père est juste, mais sévère. » Catelain! Il a encore
sa mère, deux sœurs. Aucun d'eux, malgré des fautes
réitérées, n'avait lassé l'affection paternelle. Chacun
pouvait rentrer sous le toit de la famille, y trouver abri,
aide, encouragement. Que sont-ils devenus? Réfrac-
taires au travail, vagabonds, rôdeurs de barrières,
chefs de bande, errant sous de faux noms dans des
garnis interlopes, disputant aux filles du trottoir le produit de la prostitution, êtres vils et abjects, ils sont tombés au fonds de l'égout social.

Paresse, débauche, vol, ces trois forces du mal ont
une résultante, le meurtre, l'assassinat. Tentative de
meurtre, assassinat, chacun de ces crimes a été commis à Auteuil dans la matinée du lundi 19 mars :
tentative de meurtre sur la personne du gardien de
la paix Laplanche, assassinat sur la personne de
Bourdon.

I. *Tentative de meurtre.*

Négligeant l'ordre chronologique des faits, je por-
terai mes observations tout d'abord sur la tentative
de meurtre. L'auteur de cette tentative, c'est assurément Catelain.

L'assassinat accompli, la maison dévastée, les
accusés s'en vont, chacun emportant un paquet d'objets volés. Au boulevard Excelmans une ronde d'agents

leur barre la route. Alorto est pris, Sellier, Mécrant, Catelain s'échappent.

L'agent Laplanche essuie deux coups de feu tirés à bout portant : la pèlerine du capuchon, la capote et la tunique sont traversées.

Ce double coup de feu ne provient pas de l'un des agents. D'après la dimension des trous constatés à la pèlerine du capuchon, à la capote, à la tunique, le révolver était de proportions inférieures à celles d'un révolver d'ordonnance des gardiens de la paix. D'autre part, l'agent déclare qu'il a tiré en l'air, pour intimider les malfaiteurs.

Le double coup de feu reçu par l'agent Laplanche ne peut donc être attribué qu'à l'un des accusés? Lequel? Catelain.

C'est avec Catelain que l'agent Laplanche a été en lutte. « Je le reconnais formellement, a-t-il dit; le doute n'est pas possible. Même taille, même silhouette. C'est bien le même homme. » Ce témoin, il est vrai, paraît avoir, dans le cours de l'instruction, varié sur la couleur de la moustache. Mais qu'importe? La lutte a été rapide, il faisait nuit : du moins les premières clartés du jour étaient confuses, vaporeuses. Que peut-on distinguer dans un intervalle de temps assez court, quand une demi-obscurité confond toutes choses? Les traits du visage, la couleur de la barbe et des cheveux? Non, sans doute. Ce qui se détache, c'est la taille, l'ensemble du corps, la silhouette. Il est question, dans l'instruction, de pardessus tombés pendant la

lutte entre les agents et les malfaiteurs. Quelles que
soient les données de l'instruction à cet égard , données
incertaines d'ailleurs, elles n'intéressent pas le débat,
Catelain n'étant pas reconnu à son costume, au pardessus qu'il portait.

La déclaration, si formelle, de l'agent Laplanche
serait confirmée au besoin par celle de son collègue
Leclerc. « C'est bien Catelain, a-t-il dit, qui a tiré les
coups de révolver. Je l'affirme, il n'y a pas à s'y trom-
per. Je le reconnais formellement. » « Comment pou-
vez-vous être aussi affirmatif, demande M. le président.
« J'ai vu venir Catelain ; il marchait nonchalamment,
avec une sorte de balancement que j'ai fort bien
remarqué. Je l'ai même tenu un instant, de la main
gauche, au bras. C'est bien lui, je le répète sans la
moindre hésitation. »

Voilà la preuve directe, assurément décisive. Une
sorte de preuve indirecte, la preuve par élimination ,
vient surabondamment à l'appui de l'accusation. Catelain est le coupable par ce motif que les coups de feu
n'ont pu être tirés par aucun de ses coaccusés. C'est
lui, parce que ce ne peut être un autre. En effet,
Alorto est tenu des deux mains. Vainement il tente des
efforts désespérés pour se dégager, pour saisir son
couteau. Les agents ne l'ont pas lâché un seul instant.
Quant à Sellier et à Mécrant, ils ont eu à faire avec
l'agent Delrieu : c'est lui qui l'affirme. En outre, l'a-
gent Péquignol déclare qu'il a vu Sellier et Mécrant
prendre la fuite, et il ajoute ce détail bien significatif :

« C'est seulement après que Sellier et Mécrant se sont enfuis que j'ai entendu deux coups de feu. Me retournant aussitôt, j'aperçois mon collègue Laplanche par terre et je me précipite à la poursuite de Catelain. »

A moins de suspecter de parti pris la déposition des agents, il faut admettre comme certaine la culpabilité de Catelain. En conséquence, je maintiens l'accusation de tentative de meurtre sur la personne d'un agent de la force publique dans l'exercice de ses fonctions. La peine encourue, c'est la mort. Mais vous estimerez sans doute, conformément d'ailleurs au sentiment du ministère public, que la tentative ayant manqué son effet, les circonstances atténuantes sont acquises à Catelain.

II. *Assassinat.*

La scène de l'assassinat a été suffisamment décrite. Il convient de n'en rappeler que les parties principales, afin de déterminer exactement le rôle joué par chacun des accusés.

Catelain se tient à distance, près de la porte d'entrée du vestibule. Il voit, il entend, mais il ne concourt pas effectivement à l'exécution du crime : aucun acte, aucun fait positif ne lui est imputé. En conséquence, il échappe à la prévention d'assassinat.

Alorto, Sellier, Mécrant, voilà les auteurs de l'assassinat. Leurs agissements ont été la cause directe,

efficiente de la mort de Bourdon. Tous trois entourent
le lit, Alorto à la tête, Sellier et Mécrant sur le côté
droit. Mécrant promène la lanterne sur le lit, guide en
quelque sorte Alorto, Sellier leur montre ou tout au
moins les aide à distinguer nettement la place qu'occupe Bourdon, l'endroit où il faut frapper. Alorto bâil-
lonne, immobilise la victime, enroule le cache-nez autour du cou et tente la strangulation; Sellier frappe à
coups de couteau. Assurément les rôles sont bien
répartis, bien tenus.

Faut-il attribuer à Mécrant ce sinistre propos?
« F...-lui un coup de jacques [1], c'est le même prix. »
Ce propos paraît vraisemblable si l'on se rappelle que
Mécrant avait apporté la pince-monseigneur, objet en
fer et lourd qui peut servir à double fin, soulever les
portes, assommer les personnes. A-t-il paralysé les mouvements de Bourdon en maintenant la jambe droite?
Alorto l'affirme, et il n'a aucun intérêt, semble-t-il, à
imputer faussement à Mécrant un propos ou un acte.
Mais peu importe, les aveux de Mécrant me suffisent.
Dans le cours de l'instruction, à l'audience, il a constamment reconnu qu'il tenait la lanterne à la main. Il
faisait nuit sombre dans la pièce. Sans l'éclairage par
la lanterne, Alorto et Sellier auraient hésité, tâtonné.
Peut-être même Bourdon aurait-il pu s'échapper! Mais
les rayons lumineux, convergeant sur un seul point de
cette chambre obscure, fascinaient en quelque sorte
les meurtriers. Là est l'homme, c'est là qu'il faut frap-

(1) Pince-monseigneur, en argot.

per! Aussi est-ce aux parties vitales, le cou, l'abdomen, le cœur que les meurtriers sont allés tout droit, sans hésitation ; pas de temps perdu en recherches, pas un effort inutile, pas une plaie qui n'ait été ou pu être mortelle. La lame du couteau ne s'est pas égarée. Voilà votre œuvre, Mécrant !

La Chambre des mises en accusation a considéré Mécrant comme coauteur du crime d'assassinat. Cette qualification est rigoureusement exacte en fait et en droit. Si cependant quelques-uns d'entre vous, messieurs les Jurés, peu familiarisés avec la terminologie criminelle, estiment que Mécrant n'est en réalité qu'un complice par aide ou assistance, cette divergence d'opinion ne doit exercer aucune influence sur le verdict, la peine applicable au complice étant identique à celle qui frappe l'auteur principal.

Les trois coups à l'abdomen, à la gorge, au cœur, qui les a portés ? Sellier et Sellier seul. Il l'a reconnu, ses aveux sont formels, réitérés et il les a produits dans des circonstances de fait différentes. Tout d'abord, aveux dans le cours de l'instruction. Ces aveux ont-ils été arrachés ? Sellier a-t-il cédé à un accès de colère, lassé par l'insistance du juge d'instruction, pour en finir avec des questions embarrassantes ? Assurément non. Sellier a parlé spontanément, sans contrainte. Voici les termes du procès-verbal, dressé à la date du 22 mars, par M. le juge d'instruction Guillot.

« Nous allons vous soumettre à une épreuve, dit M. le juge d'instruction à Alorto. La mère de la victime vient d'arriver à Paris. Elle désire connaître le nom de celui qui a frappé son fils. C'est vous qui allez le lui dire.»

Confrontation avec la mère de la victime, la veuve Bourdon.

Veuve Bourdon. — « Je vous en prie, qu'il dise quel est celui qui a assassiné mon pauvre enfant. »

Atorto. — « Je l'ai dit, c'est le manchot (Sellier). Moi, je voulais seulement faire parler votre fils pour qu'il nous dise où était l'argent. C'est le manchot (Sellier) qui l'a tué. Je croyais qu'il n'y avait personne dans la maison. »

Veuve Bourdon. — « Quels étaient les autres qui étaient avec vous? »

Alorto. — « C'étaient Catelain et le fils du bijoutier (Mécrant). »

Veuve Bourdon. — « Les misérables! Vous avez été le trouver dans son lit! »

Sellier est introduit.

Sellier. — « Je n'y étais pas. »

Alorto. — « Tu sais bien que tu y étais. »

Sellier. — « Eh bien, oui! j'y étais. J'ai donné deux coups de couteau avec le couteau d'Alorto. »

Veuve Bourdon. — « Oh oui! j'entends. Ah les misérables ! »

Sellier. — « Toi, tu as donné le troisième coup de couteau avec ton couteau que je t'avais rendu, et tu l'as étranglé avec ma cravate. »

Alorto. — « C'est faux. »

Sellier. — « Allons donc ! Tu as dit devant Catelain et le fils du bijoutier (Mécrant) : il est déjà mort. »

Alorto. — « J'ai dit, ne le frappez pas, il est déjà tout vert, il va dire où est l'argent. »

Sellier. — « Je te dis que tu as donné un coup de couteau. »

Alorto. — « Non. Je l'ai simplement bâillonné. »

La veuve Bourdon se retire et les accusés sont amenés à la morgue devant le cadavre exposé tout habillé. Le drap qui le recouvre est soulevé et le docteur indique les blessures. Le procès-verbal du juge d'instruction continue en ces termes.

« Sellier s'approche du cadavre et montrant du doigt la blessure du ventre et celle du cou, il dit : « c'est là que je l'ai frappé, Alorto l'a frappé au cœur. »

Alorto (d'une voix irritée). — « C'est faux, absolument faux ; ma tête à couper, c'est faux. »

Sellier. — « Si, c'est toi. Je l'avais d'abord frappé dans le ventre et dans le cou, tu es redescendu et tu l'as frappé au cœur. »

Alorto. — « C'est faux. Dis donc la vérité, mon vieux ; moi, je dis ce qui est. Je l'ai maintenu par derrière en lui mettant la main sur la bouche, mais je ne l'ai pas frappé. »

Catelain. — « Je ne suis pour rien dans tout cela. »

Mécrant: — « Moi non plus, je ne connais rien à cette affaire. »

Alorto. — « Voyons ! Dis donc la vérité, tu sais bien que tu voulais lui f... un coup de jacques. »

Sellier. — « Moi, si j'avais été arrêté, j'aurais pris tout sur moi ; je me serais fait faucher mais au moins vous auriez été parés. »

Tels sont les aveux de Sellier au cours de l'instruction. Sellier reconnaît tout au moins qu'il a frappé du couteau à deux reprises à l'abdomen, au cou, et nous savons, par la déposition du docteur, que la blessure à l'abdomen aurait nécessairement entraîné une péritonite mortelle si le coup au cœur n'avait occasionné la mort instantanément.

Quelques jours après, des aveux plus complets sont recueillis par le témoin Girard, alors détenu. Entendant Sellier marcher avec agitation dans sa cellule : « Qu'y a-t-il donc? » lui a-t-il demandé. « Il y a, répond Sellier, que dans cinq mois ma tête sautera. Je suis l'assassin d'Auteuil. » « Je lui ai dit alors, » ajoute ce témoin : « Vous auriez dû vous contenter de voler, vous n'aviez pas besoin de tuer. » Sellier a repris : « Ah! quand on est soûl! J'ai donné trois coups de couteau, le dernier au cœur. Je veux bien en reconnaître deux, mais le dernier, je veux le laisser à Alorto. Il a parlé, il faut qu'il m'accompagne. »

Qu'importe, dès lors, que Sellier ait rétracté à la fin de l'instruction et persiste à rétracter à cette audience des aveux réitérés, décisifs? Il n'est pas une personne raisonnable qui puisse accepter comme exacte, comme vraisemblable même, cette allégation qu'il produit : pour s'acquitter d'une dette de reconnaissance envers Alorto, il aurait tenté de sauver ce dernier : il aurait, comme il dit dans son langage expressif, « pris les coups pour lui. » Mais conçoit-on un service tellement important qu'il vaille le sacrifice de la vie? Conçoit-on, surtout dans ce milieu de bandits, une telle élévation d'âme, une telle abnégation qu'un innocent aille sciemment à la mort pour tenter de sauver un coupable? « Comment voulez-vous, dit Mécrant, dans l'instruction, que Sellier s'accuse d'une chose qu'il n'aurait pas faite? C'est comme si moi j'avais dit : « je prendrai le coup sur moi. » Qui donc se chargerait d'une chose semblable et mettrait sa tête à prix pour sauver celle d'un autre? Cela n'existe pas. J'ai entendu Sellier dire à Alorto, à la morgue : si je monte à la butte, tu y monteras aussi. »

Tenons donc pour certain que les coups de couteau sont le fait de Sellier. Il est même rationnellement impossible d'imputer à Alorto le troisième et dernier coup, le coup au cœur. Sellier penché, accroupi sur le lit, appuie son moignon, frappe avec rage. Il n'a lâché le poignard qu'après le coup mortel : c'est alors seulement que la surexcitation de la bête est tombée. D'ailleurs, Alorto n'aurait pu bâillonner la victime, tenter de l'étrangler à l'aide d'un cache-nez et tenir en même temps un poignard. C'est donc Sellier seul qui a poignardé.

Alorto a tenté d'étrangler. Placé à la tête du lit, derrière la victime, il roule le cache-nez autour du cou et serre de toutes ses forces; il appuie la main sur la bouche. La victime, tête renversée, gorge ten-

due, ne peut ni crier, ni bouger, la respiration même
est suspendue. « Je ne voulais pas tuer. » dit Alorto.
Allons donc ! la pression sur la bouche était tellement
énergique que l'on constate au nez, aux lèvres, au
menton des écorchures, des coups d'ongle, des contu-
sions ; la ligature était tellement serrée qu'elle a formé
trois sillons au cou et que, de l'aveu d'Alorto lui-même,
pour détacher le cache-nez, il a fallu le couper. Sans
doute, la mort instantanée, foudroyante, est due au
coup de poignard porté au cœur par Sellier, mais si
ce coup mortel eût tardé d'une minute ou de deux minutes tout au plus, Bourdon succombait à l'asphyxie.
A cet égard, les déclarations du médecin commis par
la justice sont décisives. Je lis dans le rapport écrit.
« Les marques de coups d'ongle siégeant au pourtour
du nez et de la bouche, les déchirures de la lèvre
inférieure coupée par la pression des dents de la mâ-
choire supérieure, les sillons rougeâtres de la partie
antérieure et des côtés du cou d'une part, de l'autre ;
l'ecchymose prévertébrale correspondant au bord gauche du cartilage tyroïde, la congestion de la muqueuse
trachéo-laryngée, et la présence d'écume dorée à sa
surface, enfin, la congestion méningo-encéphalique
attestent, de la façon la plus manifeste, des tentatives
énergiques et combinées de suffocation, par l'occlusion, avec les mains, des orifices respiratoires et
de strangulation, à l'aide d'un lien, lesquelles, sans
le brusque dénouement produit par la plaie du cœur,
auraient certainement, en se prolongeant de bien peu,

déterminé l'asphyxie. » A: l'audience, le médecin
légiste a développé 'les données de son rapport écrit
et formulé des conlusions identiques. Je me'borne à
reproduire, textuellement d'ailleurs, les dernières 'paroles qu'il. a prononcées : « Si la constriction par la
ligature du cache-nez ou l'occlusion par les mains
avait duré une minute ou deux, Bourdon serait mort
étranglé. »

En résumé, la mort peut être attribuée, en réalité,
à une double cause, le poignard, l'asphyxie. Le poignard était aux mains de Sellier. Si Sellier n'avait 'pas
frappé, si même le coup de poignard au cœur avait été
différé d'un instant, la mort survenait par asphyxie.
La strangulation, l'occlusion des voies respiratoires
sont l'œuvre d'Alorto.

' Y a-t-il d'ailleurs intérêt pour le ministère public à
déterminer avec précision la participation de chacun à
l'assassinat? Mécrant éclaire, Sellier frappe du couteau, Alorto attache la victime aux barreaux' du lit et
l'étrangle. Qu'importe cette répartition? Le drame a
trois acteurs, Mécrant, Alorto, Sellier, mais le dénouement est unique, la mort de Bourdon. Chacun
des trois acteurs concourt au dénouement; l'assassinat
est l'œuvre commune, collective des trois accusés
Mécrant, Alorto, Sellier.

Je dis assassinat, intentionnellement. L'assassinat
c'est l'homicide volontaire, le meurtre commis avec
préméditation. Dans la cause, la préméditation apparaît sous des aspects divers. Tout d'abord je relève une

sorte de préméditation lointaine, bien antérieure à l'exécution du crime. Des témoignages, des aveux mêmes des accusés il résulte que ceux-ci, avant de partir vers minuit pour Auteuil, se sont munis d'un outillage complet. Mécrant s'est procuré la lanterne sourde et la pince-monseigneur; Alorto porte son couteau, à lame fine et affilée, solidement emmanchée; Alorto et Sellier sont allés de concert chercher le révolver [1]. C'est donc un vol à main armée qu'on prépare. Mais le voleur à main armée est en quelque sorte en état permanent de préméditation de meurtre, il s'est armé en prévision de la lutte. Les accusés savaient-ils que la villa était gardée pendant la nuit? Avaient-ils résolu à l'avance la mort du gardien? J'en doute, mais la préméditation existe au point de vue pénal bien qu'elle n'ait pas pour objet un individu déterminé, il suffit du dessein de tuer conçu à l'avance. « La préméditation consiste, porte l'article 297 du Code pénal, dans le dessein formé avant l'action d'attenter à la personne d'un individu déterminé ou même de celui qui sera trouvé ou rencontré. »

Indépendamment de cette préméditation générale, inhérente au vol à main armée, apparaît une préméditation spéciale, qui a trait directement à la mort de Bourdon. Mécrant heurte contre le lit. « Quelqu'un est là, » crie-t-il aussitôt. Un mouvement de recul se produit. On s'assemble. On délibère. Il y a, selon l'expres-

_____

(1) Catelain avait fourni les fausses clefs.

sion même de l'un des accusés, « un moment de pause. » Prenons l'hypothèse la plus favorable, celle que proposent les accusés. « Nous ne voulions, disent-ils, que le faire chanter, nous voulions obtenir de lui l'indication des cachettes où étaient enfermés l'argent et les bijoux. » Soit! Mais la mort de Bourdon n'en était pas moins implicitement, nécessairement résolue. Refusait-il d'obtempérer aux sommations, aux menaces, on le tuait. Cédait-il, on le tuait encore. Ne fallait-il pas supprimer un témoin, l'unique témoin du vol, et s'assurer ainsi l'impunité?

En réalité, la mort a été concertée, décidée en commun. La discussion n'a porté que sur les moyens et sur l'heure. Bourdon serait-il assommé, étranglé, poignardé? Tenterait-on d'obtenir de lui des indications utiles? Le frapperait-on tout de suite? Vous avez assurément, messieurs les Jurés, remarqué cette particularité de fait caractéristique : le cache-nez de Sellier était aux mains d'Alorto, le couteau d'Alorto était aux mains de Sellier. Comment comprendre cet échange sans un colloque, sans une délibération préalables? « Mécrant viens éclairer; Alorto prends mon cache-nez; Sellier voilà mon couteau. » Il y a donc eu temps d'arrêt, accord, répartition des rôles, distribution des armes. La préméditation est évidente.

L'assassinat paraît n'avoir été, pour les accusés, qu'une sorte d'intermède. Avec un calme imperturbable, sans perte de temps, ils reprennent l'œuvre du vol que l'assassinat avait interrompue. Chaque pièce de la maison est l'objet d'une visite attentive, minutieuse. Les meubles sont fracturés. On fait choix des objets qu'il conviendra d'emporter. On empaquette. C'est une sorte de déménagement en règle qui s'opère. Le jour arrive, il faut fuir. Mais au préalable, chacun passe près du lit de Bourdon et s'assure au toucher si le cadavre est froid.

Quelques instants après, boulevard Excelmans, Alorto est pris par les agents. Il nie et l'assassinat et le vol, et développe un récit de tous points fantaisiste. Le soir, il termine ainsi son premier interrogatoire : « Je commence à en avoir assez de tout cela, je voudrais qu'on me donnât à manger à ma suffisance. » Les autres accusés échappent. Voici l'emploi de leur temps. Catelain va chez la fille Richard, sa maîtresse. Celle-ci ayant lu *le Petit Journal* : « Tiens, dit-elle, il y a eu un assassinat à Auteuil. Catelain n'a fait aucune réflexion. J'étais vraiment bien loin de penser qu'il était de cette affaire-là. Le soir nous sommes allés voir jouer *la Reine Margot* au théâtre de Belleville. » Mécrant, le matin, vers onze heures, déjeune, selon son habitude, chez le marchand de vin, et celui-ci raconte que Mécrant était très calme, qu'il est revenu le soir et s'est endormi pendant deux heures sur la table. Sellier se rend chez sa mère. « Le mardi matin, dit-elle, après avoir découché, mon fils est arrivé vers neuf heures. Je lui ai demandé : Comment se fait-il que tu ne sois pas rentré? Il m'a répondu : J'ai été m'amuser et j'ai couché chez un camarade. »

Voici maintenant l'interrogatoire définitif de Sellier.

M. le juge d'instruction Guillot. — « Le 22 mars, à la morgue, vous avez déclaré : « Eh bien, oui, j'y étais ; j'ai donné deux coups avec le couteau d'Alorto. » Le lendemain vous écriviez à vos parents : « Ce n'est pas moi qui ai frappé la victime : si j'ai avoué avoir donné deux coups de couteau, c'était la promesse que j'avais faite à Alorto de prendre la moitié à mes risques et périls, » et alors vous avez imaginé cette histoire ridicule d'une convention faite avec vos complices pour vous faire passer pour l'assassin alors que tous les coups auraient été portés par Alorto. Les constatations médicales, les preuves recueillies par l'instruction démontrent que vous avez au moins donné deux coups de couteau. »

L'accusé fait semblant de dormir et il est impossible d'en obtenir aucune réponse.

M. le juge d'instruction. — « Dans votre monde on peut tout faire, on peut assassiner, on peut voler, tout cela est chose naturelle ; mais le grand crime c'est de faire des aveux, et c'est parce que Alorto a parlé que vous voulez vous venger de lui et assurer, par un motif de plus, sa condamnation à mort comme si les faits qu'il avoue n'étaient pas déjà suffisants. »

Pas de réponse.

M. le juge d'instruction. — « Vous avez agi avec préméditation, car c'est vous qui avez été, avec Alorto, emprunter un révolver. »

Pas de réponse.

M. le juge d'instruction. — « Avec Alorto et Mécrant vous vous êtes précipités comme des bêtes fauves sur un homme à moitié endormi. Vous l'avez frappé pendant que l'autre l'étranglait. Il s'est passé là une scène d'une sauvagerie incroyable, et il faut qu'il n'y ait plus dans votre cœur le moindre sentiment humain, pour que vous gardiez encore à ce moment l'attitude que vous avez, pleine de dureté et d'insolence. »

Cruels, indifférents et cyniques, tels sont les accusés. Même à cette audience, malgré les émotions que provoque un débat public, solennel, ils ne manifestent aucun regret, ne laissent pas tomber une larme. Ils s'expriment sans trouble, avec désinvolture, ils disent volontiers, tout naturellement, parlant de l'assassinat et du vol : « Cette affaire, ce travail. »

Cette insensibilité bestiale doit-elle exaspérer le juge et l'inciter à une répression implacable? Ou bien, cette insensibilité même serait-elle une sorte d'excuse pour les accusés, une atténuation au crime? Faut-il accepter comme vraie cette doctrine moderne qui nie le libre arbitre? Un grand poète contemporain, Leconte de Lisle, la formule en ce vers magnifique, apostrophe de Caïn à Abel :

> L'iniquité divine est ton seul assassin (1).

Le malfaiteur, le criminel, voué en quelque sorte au mal, accomplit sans discernement un acte qu'une vo-

_____

(1) *Poèmes barbares* (édition Lemerre), Cain.

lonté supérieure, irrésistible lui commande. Jouet des forces de la nature, de sa constitution physique, de l'hérédité, du milieu social, il va comme un aveugle et frappe inconsciemment. Non. L'irresponsabilité n'est pas la thèse générale : ce n'est qu'à titre exceptionnel que l'on peut l'admettre. Sur quelle base reposerait donc la justice pénale? Sur un système de préservation sociale? La société, en état de défense, ne connaîtrait d'autre loi que celle du débarras; elle userait de la force contre des malheureux non responsables, inconscients, mais nuisibles. Ainsi considérée, la répression serait odieuse. Mais qui pourrait sérieusement contester que la conscience ne soit un guide fidèle et sûr? Qui donc oserait soutenir que les accusés, préméditant leur forfait, l'exécutant de sang-froid, n'ont pas eu la vision du crime et du châtiment? Y a-t-il du moins dans leur constitution physique quelque particularité inquiétante? Spécialement commis par le juge d'instruction, le docteur s'est livré à un examen attentif et son rapport ne constate chez aucun des accusés « ni infirmité, ni symptôme d'affection pulmonaire ou cardiaque, ni tare constitutionnelle. » Ainsi, intelligents, instruits, élevés dans un milieu moral, exempts de toute prédisposition héréditaire, les accusés sont allés au crime librement, sciemment, avec la notion nette du mal, au mépris du châtiment redoutable qu'ils ont entrevu. Votre conscience et la mienne sont rassurées, messieurs les Jurés. Que la justice des hommes ait son cours! Je livre les accusés Alorto, Sellier, Mécrant, à la rigueur des lois.

OUTRAGES A DES MAGISTRATS

PAR LA VOIE DE LA PRESSE

COUR D'ASSISES DE LA SEINE

Présidence de M. le conseiller Pilet-Desjardins

OUTRAGES A DES MAGISTRATS

PAR LA VOIE DE LA PRESSE

RÉQUISITOIRE[1]

MESSIEURS LES JURÉS,

Avant de donner lecture des articles de journal incriminés, il me paraît utile, pour la parfaite intelligence des débats, de rappeler et de préciser quelques faits.

Au cours d'une information ouverte contre la Ligue des patriotes, le Gouvernement de la République, ému par de graves révélations, résolut de déférer à la juridiction compétente, la Haute-Cour de justice, le général Boulanger et autres sous l'inculpation d'attentat et de complot. L'action publique appartenait au procureur général près la Cour d'appel de Paris. C'est à ce magis-

[1] Audience du 11 juillet 1889.

trat qu'il incombait d'adresser à la Chambre des députés une demande en autorisation de poursuites. L'attitude de ce fonctionnaire ayant paru hésitante, le Gouvernement crut devoir le révoquer. En conséquence, à la date du premier avril 1889, un décret du Président de la République, rendu sur le rapport du Garde des sceaux, ministre de la Justice, nomma M. Quesnay de Beaurepaire, avocat général près la Cour d'appel de Paris, procureur général près la même Cour en remplacement de M. Bouchez.

Le nouveau procureur général, M. Quesnay de Beaurepaire, était tout particulièrement désigné à M. le Garde des sceaux par l'ancienneté de ses services (ses débuts dans la magistrature remontent à l'année 1862), son âge 54 ans [1], sa situation hiérarchique (doyen en quelque sorte des avocats généraux près la Cour d'appel de Paris et précédemment procureur général près la Cour d'appel de Rennes), l'éclat de son talent, la loyauté de son caractère, la notoriété de son nom. Dans la magistrature, au barreau, dans les lettres, cette nomination fut universellement approuvée.

Après examen du dossier, M. le procureur général Quesnay de Beaurepaire déposa sur le bureau de la Chambre des députés, à la date du 4 avril, une demande en autorisation de poursuites contre le général Boulanger. Cette demande fut aussitôt accueillie.

Toutes les Constitutions politiques, depuis la Cons-

(1) M. Jules Quesnay de Beaurepaire est né à Saumur le 2 juillet 1834.

titution de 1791 notámment jusqu'à la Constitution de 1875 qui nous régit, ont prévu l'éventualité de crimes de haute trahison, d'attentats et de complots ayant pour but de changer la forme du Gouvernement. Toutes ont organisé une juridiction supérieure. C'est ainsi que l'article 17 de la loi constitutionnelle du 12 juillet 1875 dispose que « le Sénat peut être constitué en Cour de justice par un décret du Président de la République, rendu en Conseil des ministres, pour juger toute personne prévenue d'attentat commis contre la sûreté de l'État. »

En conformité de cet article de la loi constitutionnelle, le Président de la République rendit, à la date du 8 avril 1889, le décret suivant :

« Le Président de la République française, sur le rapport du Garde des sceaux, ministre de la Justice et des Cultes;

« Vu la demande en autorisation de poursuites déposée le 4 avril 1889 et la délibération de la Chambre des députés portant la même date;

« Vu l'article 12, § 3, de la loi constitutionnelle du 16 juillet 1875, le Conseil des ministres entendu;

Décrète :

« ART. 1er. Le Sénat est constitué en Haute-Cour de justice pour statuer sur les faits d'attentat contre la sûreté de l'État et autres faits connexes relevés à la charge de M. Boulanger, général en retraite et député, et de tous autres que l'instruction aura fait connaître.

« Art. 2. Le procureur général près la Cour d'appel de Paris remplira les fonctions du ministère public près la Haute-Cour, assisté de messieurs Roulier, avocat général, et Duval, substitut du procureur général près la même Cour.

« Art. 3. La Haute-Cour se réunira au Palais du Luxembourg le 12 avril 1889.

« Art. 4. Le Garde des sceaux, ministre de la Justice et des Cultes, est chargé de l'exécution du présent décret.

« Fait à Paris, le 8 avril 1889.

« *Le Président de la République*,

« Carnot. »

La Haute-Cour de justice se réunit à la date fixée, 12 avril. Le procureur général, M. Quesnay de Beaurepaire, assisté de M. Roulier, avocat général, et de M. Duval, substitut du procureur général, donna lecture du réquisitoire introductif. « Nous requérons qu'il plaise à la Haute-Cour ordonner qu'il soit procédé à l'instruction contre MM. Boulanger, Dillon, de Rochefort et éventuellement contre tous autres, impliqués de crime d'attentat contre la sûreté intérieure de l'État et de crimes connexes tels que celui de complot. »

Tels sont les seuls faits qu'il importe de retenir. Une double observation s'en dégage. C'est en sa qualité de procureur général près la Cour d'appel de Paris, dans l'exercice de ses fonctions, accomplissant un acte qui lui incombait comme dépositaire de l'action publique, que M. Quesnay de Beaurepaire avait adressé, le 4 avril, à la Chambre des députés, une demande en autorisation de poursuites contre le général Boulanger. D'autre part, c'est en vertu d'une désignation spéciale, résultant d'un décret du Président de la République, rendu en Conseil des ministres, que le procureur général près la Cour d'appel de Paris était chargé des fonctions du ministère public près la Haute-Cour de justice.

Cette désignation du procureur général près la Cour d'appel de Paris comme représentant du ministère public près la Haute-Cour de justice était conforme aux traditions. Le Code d'instruction criminelle ne s'étant pas occupé de l'organisation des juridictions politiques supérieures, il y a lieu, quand une juridiction de cet ordre est appelée à se réunir, de déléguer auprès d'elle un membre du parquet ayant qualité pour accomplir tous les actes qui se rattachent aux attributions du ministère public. Sans doute, le choix peut porter indistinctement sur un procureur général des Cours de province, sur le procureur général près la Cour de cassation ou enfin sur le procureur général près la Cour d'appel de Paris, mais d'ordinaire délégation est donnée au procureur général près la Cour d'appel de Paris. Ainsi, sous la monarchie de Juillet, qui convoqua la Haute-Cour de justice à dix reprises, c'est toujours le procureur général près la Cour d'appel de

Paris, Martin (du Nord), Frank-Carré, Hébert, Delangle, qui remplit les fonctions du ministère public. Ainsi encore, pour ne rappeler que les événements les plus récents, c'est le procureur général près la Cour d'appel de Paris, Baroche, Grandperret, qui accomplit les actes de poursuite et porta la parole devant la Haute-Cour de justice à Bourges, à Versailles, à Blois, en 1849 et en 1870, à propos de l'attentat du 15 mai 1848, de la tentative d'insurrection du 13 juin 1849, et de l'accusation de meurtre sur la personne de Victor Noir relevée contre le prince Pierre Bonaparte.

Le décret constitutif du ministère public auprès de la Haute-Cour de justice charge MM. Roulier, avocat général, Duval, substitut du procureur général, d'assister le procureur général. Il a toujours été d'usage d'adjoindre au procureur général des collaborateurs. Notons que chacun de ces deux magistrats figurait, au moment du décret, à la fin de la liste des collègues occupant la même situation hiérarchique. On avait pris le moins ancien parmi les avocats généraux, le moins ancien parmi les substituts du procureur général.

Donc, en résumé, la désignation du procureur général près la Cour d'appel de Paris comme membre du ministère public près la Haute-Cour de justice était conforme aux précédents; la désignation de M. Roulier, avocat général, et de M. Duval, substitut du procureur général, comme collaborateurs de leur chef, était empruntée en quelque sorte au tableau d'ancienneté de ces magistrats. A moins d'apporter ici des préventions et de nier l'évidence, on doit reconnaître que le Gouvernement avait agi avec réserve et circonspection, et que le choix des magistrats délégués comme agents du ministère public près la Haute-Cour de justice était manifestement dégagé de toute préoccupation politique.

Au surplus, et cette observation décisive domine tout le débat et met en relief le caractère tout particulièrement grave des outrages et des diffamations, ces magistrats, en déférant à la désignation dont ils étaient l'objet, accomplissaient un devoir professionnel, inhérent à leur fonction, et auquel ils ne pouvaient se soustraire sans donner l'exemple de l'insubordination envers leur chef hiérarchique, le ministre de la Justice, et envers la loi elle-même.

Mais, tel est aujourd'hui l'état de surexcitation malsaine de quelques esprits, si perfide est la déloyauté d'une certaine presse, que des actes accomplis par des magistrats dans l'exercice de leurs fonctions, de par l'autorité de la loi, ont fourni prétexte à des attaques sans merci, d'une violence inouïe, la brutalité du style le disputant à la fausseté, à l'odieux des allégations.

Un homme public, ou fonctionnaire doit-il s'émouvoir des attaques de la Presse? Discuter avec les calomniateurs n'est-ce pas, comme l'écrivait Gambetta, perdre son temps sans profit et compromettre sa di-

gnité?·Ne vaut-il pas mieux attendre de ses chefs et de
l'opinion publique assagie, redevenue maîtresse d'elle-
même, une appréciation juste et réparatrice? Chacun
résoud dans son for intérieur cette question à son gré
et je comprends, pour ma part, les divergences d'opinion.

M. le procureur général Quesnay de Beaurepaire
n'a pas cru devoir dédaigner les injures et les diffamations. Placé à la tête d'un grand ressort judiciaire,
chargé de fonctions délicates, il veut maintenir son
autorité morale intacte, incontestée. Pourrait-il, si
quelque soupçon effleurait son honorabilité, imposer
le respect, la confiance à tous, collègues, subordonnés, justiciables? Fort de son droit, convaincu de
l'impartialité, de la fermeté des corps judiciaires, il
appelle ses détracteurs à l'épreuve d'une discussion
large, publique. Aux divers représentants de la justice
répressive, aux tribunaux correctionnels, juridiction
inamovible et permanente, juge du droit, au jury,
juridiction passagère, écho de l'opinion, juge du fait,
il demande de confondre la calomnie, de proclamer
hautement qu'il est un honnête homme, un magistrat
probe et libre, digne par son caractère et son passé
d'occuper une situation élevée, de commander à tous
la déférence et l'estime. Les juges correctionnels ont
déjà répondu par des condamnations sévères et fortement motivées; votre verdict, messieurs les Jurés,
sera conforme. Ainsi l'autorité judiciaire, par ses
deux organes, le Tribunal correctionnel, le Jury, aura

donné à M. le procureur général Quesnay de Beaurepaire une juste et complète réparation.

Quatre journaux sont poursuivis, *le Tour de Paris*,
l'Autorité, la Cocarde, l'Intransigeant. Le journal *la
Presse* avait été impliqué dans la poursuite, mais le
sieur Aubry, assigné comme gérant, prouva qu'à
l'époque de la publication des articles injurieux et
diffamatoires, il ne remplissait plus les fonctions de
gérant. Les articles n'étant pas signés, l'imprimeur
devenait responsable, mais le juge d'instruction négli-
gea de le citer. Du reste, il importait peu, en réalité,
d'atteindre le journal *la Presse :* les imputations outrageantes et diffamatoires que contient ce journal se retrouvent toutes, en termes analogues, dans les articles
des quatre journaux *le Tour de Paris, l'Autorité, la
Cocarde, l'Intransigeant,* qui vous sont déférés.

Voici les articles incriminés.

. . . .

. . . .

J'ai fini, et il m'en tardait, cette répugnante lecture.

A quel sentiment convient-il de donner libre cours?
Haine, mépris, pitié? Certes, on serait en droit de
haïr, de mépriser les hommes qui déshonorent leur
plume et leur talent, font litière des réputations les
mieux établies, dont quelques-uns prélèvent sur la
crédulité publique et les instincts mauvais de la foule
les frais d'une existence somptueuse. Mais vraiment!
c'est la pitié qui l'emporte. Triste métier que celui
d'insulteur et de spéculateur au scandale!

Si la qualité des parties plaignantes ne conférait aux débats une importance exceptionnelle, ma tâche serait terminée. Il me suffirait, la diffamation et l'outrage étant manifestes, réitérés, de solliciter de vous un verdict. Mais il convient, semble-t-il, de donner à la discussion quelque ampleur, de tracer le portrait des magistrats victimes de la calomnie et de démontrer, même aux esprits les plus prévenus, intentionnellement hostiles, s'il y en a, que les actes de ces magistrats ont été accomplis en pleine indépendance, avec une irréprochable loyauté et un respect scrupuleux du droit.

Les journaux poursuivis ont pris comme prétexte à leurs attaques la révocation de M. Bouchez, alors procureur général. « M. le procureur général Bouchez a refusé, disent-ils, de prendre l'initiative des poursuites provoquées par le Gouvernement contre le général Boulanger. M. Quesnay de Beaurepaire a eu moins de scrupules ; il s'est fait l'homme-lige du Gouvernement pour une entreprise politique. M. le procureur général Bouchez, soucieux de la dignité de la magistrature, n'a pas hésité à sacrifier une haute situation que M. Quesnay de Beaurepaire a sollicitée et occupe comme prix des services q'attend de lui le Gouvernement. »

Merveilleux retour des choses d'ici-bas ! Il y a un an à peine, ces mêmes journaux, à l'occasion de l'affaire Wilson, lançaient un feu roulant d'invectives contre la personne de M. le procureur général Bouchez ; on le traînait aux gémonies. La révocation de ce haut fonctionnaire s'imposait, on la sollicitait sans merci. La révocation survient, pour une cause étrangère à l'affaire Wilson, il est vrai, et, par une sorte de métamorphose instantanée, comme par un coup de baguette magique, ce même M. Bouchez apparaît drapé à la romaine ; sa conscience inflexible ne se plie à aucune compromission. Contradiction saisissante qui suffit à mettre en relief la mauvaise foi des journaux !

A quel ordre de considérations se rattache la révocation de M. le procureur général Bouchez? Chacun comprend qu'une extrême réserve m'est imposée : je ne puis toucher que d'une main légère à cette question délicate. M. Bouchez a été mon chef hiérarchique pendant trois années. Comment, d'ailleurs, en bonne justice, un avocat général, parlant du haut de son siège, pourrait-il produire une affirmation à l'occasion d'événements auxquels il est demeuré complètement étranger, n'ayant pas qualité pour provoquer les explications des personnages qui y furent mêlés? Qui pourrait, sans témérité, dégager au milieu des mobiles souvent multiples et complexes d'une action, la cause impulsive, déterminante? Laissons les hypothèses, ou plutôt prenons même l'hypothèse la plus favorable au fonctionnaire tombé. Mais, du moins, qu'il me soit permis de tracer la conduite qui, dans les circonstances d'alors, convenait aux magistrats du ministère public et, plus particulièrement, au chef du parquet de la Cour d'appel de Paris.

Un général exclu de l'armée pour manquements répétés à la discipline par une décision unanime de ses

pairs constitués en conseil régulier d'après les lois or-
ganiques militaires, aventurier sans scrupules, fauteur
de désordres, jetant l'or à pleines mains pour corrom-
pre la foule (cet or, où le prend-il? à quelle source in-
connue et suspecte va-t-il donc le puiser?), osait orga-
niser l'émeute, jeter un insolent défi à la représentation
nationale, opposer un pouvoir insurrectionnel au Gouvernement légal, sonner la charge pour la guerre civile,
appeler l'armée elle-même à l'assaut de la Constitution
et des lois! Sur les ruines de nos libertés publiques cet
homme se serait dressé, absorbant notre activité, notre
énergie, nos droits, décrétant le silence, jetant comme un
lasso à la nation tout entière! Et il n'existerait ni lois ni
tribunaux pour réprimer ces entreprises factieuses! Et
parmi les détenteurs du pouvoir, parmi les fonctionnaires à qui la République a confié la garde de ses ins-
titutions, il ne se serait rencontré personne pour dire
à cet aventurier visant à la dictature : « Tu n'iras pas
plus loin! » Pour moi, qui me suis imposé comme règle
inflexible de ne jamais dissimuler mes sentiments sous
des formules équivoques, qui puis jeter au vent de la
discussion la plus haineuse, sans craindre qu'il les ef-
feuille, le nom de ma famille, ma vie privée, ma vie
publique, toute d'incessant labeur et de dévouement
sans réserve à la cause de la démocratie, républicain
par tradition de famille, d'éducation et d'étude, convaincu que la liberté, sous l'égide de la République,
peut seule assurer à un peuple le développement de sa
grandeur morale et l'épanouissement de son génie, j'af-

firme hautement que si l'honneur m'était échu de concourir à la répression des attentats et des complots fomentés contre la sûreté de l'État, j'aurais mis en mouvement l'action publique contre le général Boulanger et... sa suite, sans tergiversation, sans faiblesse, la conscience calme, avec le sentiment du devoir accompli envers la République, la Liberté, la Patrie et la Loi. Prenez acte de cette déclaration vous tous qui vous vantez de dresser déjà des listes de proscription.

Quelles sont, en effet, les attributions des magistrats du ministère public, leurs prérogatives et leurs obligations? Un vieil adage, respecté de tous temps, les résume en une formule très nette : parole libre, plume serve. Parole libre! A l'audience, le ministère public jouit d'une indépendance absolue : il ne reçoit et n'accepterait ni injonction, ni conseil; nul n'a autorité sur lui, ses conclusions échappent à tout contrôle. C'est ainsi que parfois le ministère public requiert lui-même, à l'audience correctionnelle ou en Cour d'assises, l'acquittement du prévenu. A l'audience, le représentant du ministère public est un magistrat dans l'acception complète du mot; il est l'homme de la justice et ne relève que de sa conscience. La parole est libre!

Le second terme de la formule, plume serve, indique les devoirs, les obligations des membres du ministère public considérés dans l'exercice des fonctions du Parquet et comme officiers de police judiciaire. En dehors de l'audience, les membres du ministère public sont des agents du Gouvernement, des subordonnés de leur

chef hiérarchique, le Garde des sceaux, ministre de la
Justice. Ils sont tenus de déférer aux injonctions du
Garde des sceaux et d'engager les poursuites prescrites
par la Chancellerie. Il leur incombe, de par leur fonction même, de rédiger le réquisitoire introductif d'instance et de le signer. La plume est serve. Sans doute,
une fois l'instruction terminée, les débats se déroulant
à l'audience, le membre du Parquet reprend sa liberté ;
maître de ses conclusions, si la prévention ne lui paraît
pas suffisamment établie, il l'abandonne, la combat
même au besoin, mais il n'était pas en son pouvoir de
se refuser à ouvrir les poursuites. C'est ce qu'expriment
en termes formels l'article 274 du Code d'instruction
criminelle et l'article premier, titre VIII, de la loi des
16-24 août 1790. Article 274 du Code d'instruction criminelle : « Le procureur général, soit d'office, *soit par
les ordres du ministre de la Justice,* charge le procureur de la République de poursuivre les délits dont il
a connaissance. » Loi des 16-24 août 1790, sur l'organisation judiciaire, titre VIII, article premier : « Les
officiers du ministère public sont les *agents du pouvoir
exécutif* auprès des tribunaux. »

Cette subordination du chef du Parquet envers le
ministre de la Justice n'a rien qui doive surprendre.
Absolument nécessaire dans un pays bien organisé,
elle ne porte aucune atteinte aux garanties auxquelles
les citoyens ont droit devant les tribunaux.

Quiconque a égard aux conditions du Gouvernement
comprend qu'on ne saurait admettre que le fonction-

naire, à qui appartient l'initiative des poursuites, puisse tenir en suspens l'action du Gouvernement, l'entraver par son inertie ou par sa résistance. Refuser de poursuivre, provoquer un conflit retentissant, n'est-ce pas inquiéter les esprits, exciter la défiance et jeter le discrédit sur l'action judiciaire elle-même frappée, dès son origine, d'une sorte de désaveu de la magistrature?

Que lui demande-t-on, d'ailleurs, au magistrat du Parquet? D'affirmer l'existence d'ores et déjà certaine d'un crime ou d'un délit? de désigner le coupable ou la juridiction? Non! Il lui suffit de dire qu'il y a présomption, charges suffisantes. Le réquisitoire signé, transmis au juge d'instruction, une instruction est ouverte. Le Parquet a-t-il autorité sur le juge d'instruction? Peut-il peser sur les décisions de ce dernier? Pour répondre, il suffit de rappeler la distinction fondamentale établie par notre législation pénale. Le juge d'instruction, saisi par le réquisitoire du Parquet, agit en pleine indépendance. S'il est vrai que le procureur a seul qualité pour provoquer une information, du moins il ne peut procéder par lui-même à aucun acte d'instruction. Cette distinction est rationnelle. Le ministère public est demandeur, partie poursuivante, donc il ne peut s'immiscer dans les fonctions du juge d'instruction. Nul n'est juge et partie. La direction de l'instruction, les décisions définitives appartiennent exclusivement au juge d'instruction, les ordonnances de non-lieu, les ordonnances de renvoi devant les tribunaux de répression compétents émanent du juge d'instruction et de lui seul. S'il y a renvoi devant le tribunal compétent, le tribunal statue. Donc, en dernière analyse, le magistrat du Parquet n'a fait, en rédigeant le réquisitoire introductif d'instance, qu'informer le juge d'instruction de l'existence probable d'un crime ou d'un délit et le mettre en mesure de rassembler les preuves, de livrer les coupables à la justice répressive. C'est en définitive le juge d'instruction, le tribunal, magistrats inamovibles, qui disposent de la liberté, de la fortune, de l'honneur des citoyens. Le réquisitoire du Parquet n'est qu'un acte préparatoire, introductif de l'instruction criminelle. Voilà pourquoi les membres du Parquet peuvent et doivent demeurer les agents du Pouvoir. La justice n'est pas rendue par eux, elle émane exclusivement de magistrats à qui l'inamovibilité assure une indépendance absolue au regard du Gouvernement.

Si je m'adressais à une assemblée de jurisconsultes, les indications détaillées que je viens de fournir sur le rôle et les obligations des membres du Parquet dans leurs rapports avec le Gouvernement seraient superflues et presque déplacées. Chacun connaît au Palais le sens et la portée de l'adage classique : parole libre, plume serve. Mais peut-être quelques-uns d'entre vous, messieurs les Jurés, sont-ils peu familiarisés avec le droit et notre organisation judiciaire. Cet exposé théorique n'était donc pas inutile. Nul n'en contestera d'ailleurs l'exactitude rigoureuse, car il n'est pas un auteur en droit criminel, pas une décision de justice qui n'ait formulé, consacré la thèse que je viens d'exposer, tant elle procède des principes fondamentaux de notre législation.

Permettez-moi quelques citations.

Treilhard, l'un de nos jurisconsultes d'autrefois les plus profondément versés dans la science de l'ancienne, législation, qui, en qualité de conseiller d'État d'abord, de président de la section de Législation ensuite, prit une part active à l'élaboration de nos codes, et fut même l'un des cinq membres de la commission chargée de la rédaction du projet de Code criminel, Treilhard disait textuellement à la séance du Conseil d'État du 16 octobre 1804 : « Le procureur général est obligé de se conformer aux ordres qu'il reçoit pour entamer les poursuites ; ensuite il devient l'homme de la Justice et les ordres supérieurs ne règlent plus ses conclusions [1]. »

Voici maintenant les commentateurs.

Faustin Hélie, le grand criminaliste, décédé vice-président du Conseil d'État, membre de l'Institut, président honoraire de la Cour de cassation, traite complètement la question [2]. « Le procureur général, écrit-il, doit être considéré à un double point de vue et revêt, à la fois, deux caractères distincts : il est le

---

(1) Locré, *La législation civile, commerciale et criminelle de la France*, t. XXIV, p. 406.

(2) *Traité de l'instruction criminelle*, 2ᵉ édit., t. I, nᵒˢ 487, 488, p. 557 et suiv.

représentant, l'agent immédiat et, pour employer
une expression de Treilhard, l'œil du Gouvernement;
il est en même temps le dépositaire de l'action publique dans son ressort, le ministre responsable de
son exercice, l'organe des intérêts généraux, l'agent
de la société. Sous le premier rapport, il est placé
sous les ordres du Gouvernement, il reçoit les ordres
du ministre de la Justice qui est, à son égard, l'organe
du pouvoir exécutif, il exécute ses instructions et lui
rend compte de tous ses actes. Sous le deuxième
rapport, il remplit, sous sa propre responsabilité, la
mission légale dont il est chargé; il agit en vertu de la
délégation qu'il a reçue, il exerce une action qui, bien
qu'elle lui soit transmise par le Pouvoir exécutif,
appartient à la société entière. Ainsi, il représente à
la fois le Gouvernement de l'État et la nation elle-
même, il soutient les intérêts du Pouvoir et les intérêts
de la Justice; il est, à certains égards, dépendant de
l'autorité publique; sous d'autres rapports, il en est
indépendant. Le procureur général est tenu, comme
agent du Pouvoir exécutif, de se conformer aux ordres
qu'il reçoit pour entamer les poursuites, mais ensuite
il devient, suivant l'expression de Treilhard, l'homme
de la Justice et nul ordre supérieur ne peut enchaîner
ses conclusions. Ainsi se concilient les doubles fonctions qu'il réunit..... Le Pouvoir exécutif peut imposer
au procureur général des actes, mais il ne peut lui
imposer une opinion; il peut lui prescrire une poursuite, un appel, un pourvoi, mais il ne peut enchaîner

à l'avance une conviction qui puise ses éléments dans
les débats et le contraindre à requérir une peine qu'il
jugerait injuste..... »

Dalloz, dont les ouvrages sont en quelque sorte le
vade-mecum des magistrats et des praticiens du Palais,
expose une doctrine identique [1]. « L'action publique
est exercée par le ministère public, tantôt d'office, tantôt sur l'ordre qu'il en reçoit de la Cour d'appel ou du
ministre de la Justice. Mais alors même qu'il lui est
enjoint d'agir, alors même qu'il est obligé, en vertu
d'un ordre d'une autorité compétente, de mettre l'action publique en mouvement et d'en saisir les tribunaux, le magistrat ne laisse pas cependant de conserver
son indépendance, en ce sens qu'après avoir entamé la
poursuite, il a le droit et le devoir de ne prendre conseil que de sa conscience dans les réquisitions qu'il
peut avoir à faire et dans les conclusions qu'il est
appelé à donner; de sorte que s'il regarde comme dé-
nuée de fondement la poursuite qu'il a été tenu d'exercer, il lui appartient de conclure au renvoi du prévenu. »

Enfin, M. Edmond *Villey*, doyen de la Faculté de
droit de Caen, dans un *Précis d'un cours de droit criminel* [2] (un *Précis* ne doit, semble-t-il, contenir que

---

(1) Répertoire, v° *Instruction criminelle*, n° 119, p. 78. *Adde* Sup-
plément au Répertoire, v° *Procédure criminelle*, n° 242, p. 364.

(2) 4e éd., 1888, p. 182-183; 5e ed., 1891, p. 170.

des principes de droit certains), s'exprime ainsi : « Le procureur général a, dans son ressort, l'exercice et la direction suprême de l'action publique..... Dépositaire suprême de l'action publique, il est en même temps l'agent immédiat du Pouvoir central, l'œil du Gouvernement, disait Treilhard. En cette qualité, il est tenu d'entamer des poursuites lorsqu'il en reçoit l'ordre (art. 274, C. instr. crim.), mais ensuite il devient l'homme de la Justice et demeure libre de ses conclusions. C'est ce qui résulte manifestement de la discussion au Conseil d'État dans la séance du 16 octobre 1804. »

Qu'ai-je démontré jusqu'à l'évidence? Ceci. Le procureur général, agent du Pouvoir exécutif, est obligé par sa fonction même, par la volonté de la loi, d'obtempérer aux réquisitions du Garde des sceaux, ministre de la Justice. Recevrait-il un ordre formel, il devrait s'y conformer, obéir. La plume est serve.

Mais j'ai hâte de proclamer que ni M. le procureur général Bouchez ni son successeur, M. Quesnay de Beaurepaire, n'ont reçu du Garde des sceaux une injonction quelconque. Leur liberté d'action a été entière. Une demande en autorisation de poursuites rédigée à l'avance par le Gouvernement, un réquisitoire bâti de toutes pièces dans les bureaux d'un journal, ces prétendus documents, au bas desquels le procureur général était sommé d'apposer les yeux fermés sa signature, n'ont jamais existé. Inventions calomnieuses! Légendes créées à plaisir!

M. le procureur général Quesnay de Beaurepaire a

reçu le dossier, s'est livré à une étude attentive, et de son propre mouvement, en parfaite connaissance de cause, il a rédigé, signé, d'abord la demande en autorisation de poursuites adressée à la Chambre des députés, ensuite le réquisitoire introductif d'instance déposé sur le bureau de la Haute-Cour de justice.

Mais qui donc est-il ce personnage servile, dédaigneux de sa dignité personnelle et de la dignité du corps judiciaire? A lire les journaux qui l'insultent, on le croirait un inconnu, un intrus jeté tout exprès dans la magistrature pour accomplir une vilaine besogne!

M. Quesnay de Beaurepaire appartient à une famille ancienne et illustre de l'Anjou, qui compte en grand nombre des penseurs, des savants, des écrivains, des hommes de robe et d'épée.

Son trisaïeul, François Quesnay, premier médecin du roi Louis XV, secrétaire perpétuel de l'Académie de chirurgie, a été le principal fondateur de l'Économie politique, le chef de l'école des Physiocrates. Comme économiste, il a eu pour disciples Dupont de Nemours et Turgot. Dupont de Nemours, économiste éminent, membre de la Constituante, membre de l'Institut, appelait Quesnay son maître. « Je lui dois, écrivait-il, la chaîne de mon esprit, dont M. Turgot a daigné ensuite former, ourdir et colorer la trame. Sans ces deux grands hommes, je n'aurais peut-être été qu'un malheureux poëte, assez bon enfant. »

Quesnay a publié de nombreux ouvrages sur la chirurgie et sur l'économie politique. Anobli par lettres

patentes de Louis XV, il fit l'acquisition de divers
fiefs parmi lesquels celui de Beaurepaire. De là le nom
Quesnay de Beaurepaire que prirent ses descendants.
Pourquoi ce détail en apparence futile? Non contents
de calommier le procureur général, Quesnay de Beaurepaire, ses détracteurs ont tenté de jeter sur lui, en
contestant son nom et son titre, le ridicule et le discrédit.

A la cour, Quesnay était surnommé l'honnête homme,
le penseur. En lui accordant des lettres de noblesse,
le roi lui donna pour arme trois fleurs de pensée avec
cette devise : *Propter cogitationem mentis*. L'histoire
a conservé de Quesnay un mot qu'il me paraît à propos de rappeler. Le Dauphin, père de Louis XVI, se
plaignait des embarras de la royauté. « Monseigneur,
observa Quesnay, je ne trouve pas cela. » — « Et que
feriez-vous donc si vous étiez roi ? » — « Monseigneur,
je ne ferais rien. » — « Et qui gouvernerait? » —
« Les Lois. » — C'est encore Quesnay qui disait :
« Soyez justes avant tout. Il n'y a pas deux justices...
Jamais il n'a été juste d'attenter à la liberté ni à la
propriété d'autrui. Il n'y a point d'homme qui n'en
ait quelquefois le pouvoir. En aucun temps, aucun
homme n'en a eu le droit; en aucun temps, ni par
aucune institution, aucun homme ne pourra l'acqué-
rir [1]. »

L'un des petits-fils de François Quesnay, Alexandre-

_____

(1) Dupont de Nemours, *Recueil des maximes de Quesnay*.

Marie Quesnay de Beaurepaire, prit part, sous les ordres de Lafayette, à la guerre de l'indépendance de l'Amérique. Selon l'usage fréquemment suivi par les cadets et fils de famille, il porta un nom personnel, Jules de Glouvet. L'académie des Sciences et des Beaux-Arts de Richmond l'élut président. Sa correspondance a été conservée, à Paris, aux archives du ministère des Affaires étrangères.

Revenu en France à la veille de la Révolution, Alexandre-Marie Quesnay de Beaurepaire (Jules de Glouvet), grand-père du procureur général, combattit, à côté des volontaires de 1792, à Valmy, à Jemmapes. Il appartenait à l'armée régulière avec le grade de capitaine d'infanterie. Le plan officiel de la bataille de Jemmapes, déposé à la Bibliothèque nationale, est son œuvre.

Un grand-oncle du procureur général, Quesnay de Saint-Germain, occupa successivement les situations les plus diverses et les plus élevées : conseiller à la Cours des Aides de Paris, président de la Cour souveraine de Saumur, député du département de Maine-et-Loire à la première Assemblée législative qui remplaça l'Assemblée constituante, juge élu au tribunal du district de Saumur, puis président de ce même tribunal. Dupont de Nemours en parle en termes émus. « Il n'a pas cessé, écrivait-il [1], tant qu'il a exercé ces ma-

---

(1) *La Revue philosophique, littéraire et politique* (treizième année de l'ère française, IVe trimestre, messidor, thermidor, fructidor, p. 44-45 ; Bibliothèque impériale, Z 2259 et Inventaire, Z 23233).

gistratures, de payer sa dette de raison et d'équité ni de recueillir sa récompense en respect et en affection..... Si sa vie publique lui a mérité l'estime des hommes en place et de tous ses collègues, sa vie privée n'est pas moins digne d'éloges... A sa mort, le deuil a été général. Une foule immense d'habitants des communes qui environnent sa terre et des gens des plus distingués de la ville de Saumur accompagnait son convoi, témoignant par des larmes les regrets qu'inspire sa perte. »

C'est au foyer, à l'école de ce parfait honnête homme, dont un contemporain disait que « le bien public entrait dans toutes ses pensées, » que le père du procureur général, décédé juge au tribunal civil de Saumur, a été élevé au milieu des traditions, des enseignements, des exemples qu'il a transmis intacts et accrus à son fils.

Quel magnifique héritage Jules Quesnay de Baurepaire recueillait à son entrée dans la vie! La fortune, le talent, l'honneur, tous ces biens lui venaient par surcroît. Par une véritable hérédité, par une impulsion naturelle, irrésistible, il devait devenir — il l'a été sans effort — un magistrat intègre, un vaillant soldat, un écrivain distingué.

A l'âge de 27 ans, le 10 mai 1862, M. Quesnay de Baurepaire trouvait accès dans la magistrature par le poste du substitut près le tribunal de la Flèche ; le 14 juillet 1865, il passait au même titre au tribunal du Mans, et le 15 avril 1868, il prenait, comme procureur, la direction du parquet de Mamers[1].

A la déclaration de la guerre, en 1870, M. Quesnay de Beaurepaire , dédaignant l'exemption dont il bénéficiait par sa situation de magistrat , obtient d'office un

(1) États de service de M. Quesnay de Beaurepaire :

10 mai 1862. Substitut du procureur impérial près le tribunal de première instance de la Flèche (Sarthe) (*Moniteur universel* du 11 mai, p. 681. Delangle, ministre de la justice).

14 juillet 1865. Substitut du procureur impérial près le tribunal de première instance du Mans (Sarthe) (*Moniteur universel* du 15 juillet, p. 1028. Baroche, ministre de la justice).

15 avril 1868. Procureur impérial près le tribunal de première instance de Mamers (Sarthe) (*Moniteur universel* du 17 avril, p. 520. Baroche, ministre de la justice).

7 août 1870. Engagé volontaire. Capitaine.

3 août 1871. Démissionnaire. Le décret porte : « M. Coignard, ancien magistrat, est nommé procureur de la République près le tribunal de première instance de Mamers en remplacement de M. Quesnay de Beaurepaire, démissionnaire » (*Journal officiel* du 4 août 1871, p. 2425. Dufaure, ministre de la justice).

22 mars 1879. Substitut du procureur de la République près le tribunal de première instance de la Seine (*Journal officiel* du 23 mars, p. 2361. E. le Royer, ministre de la justice).

13 septembre 1881. Procureur général près la Cour d'appel de Rennes (*Journal officiel* du 15 septembre, p. 5185. M. Jules Cazot, ministre de la justice).

17 avril 1883. Avocat général près la Cour d'appel de Paris (*Journal officiel* du 18 avril, p. 1928. M. Martin-Feuillée, ministre de la justice).

1er avril 1889. Procureur général près la Cour d'appel de Paris (*Journal officiel* du 2 avril, p. 1614. M. Thévenet, ministre de la justice).

9 décembre 1892. Président de chambre à la Cour de cassation (*Journal*

congé et contracte un engagement militaire. Avec quel
courage il a combattu, vous le savez, vous tous qui
avez assisté à l'audience de lundi [1].

La guerre finie, au mois de mars 1871, l'ancien
procureur près le tribunal de Mamers reprend ses fonctions. Mais un vent de réaction politique soufflait alors.
On fit grief à M. Quesnay de Beaurepaire de son adhé-
sion loyale à la République. Informé que le ministre de
la Justice se propose de l'envoyer à Chambéry, loin de
sa famille et de son pays natal, en qualité de substitut
du procureur général, disgrâce à peine déguisée, M.
Quesnay de Beaurepaire démissionne au mois d'août
1871 et rentre dans la vie privée.

Inscrit au barreau de Mortagne, il devient bientôt
bâtonnier. Ses convictions républicaines, son tempé-

officiel du 13 decembre, p. 6002. M. Léon Bourgeois,
              ministre de la justice).

18 janvier 1881. Chevalier dans l'ordre national de la Legion d'hon-
              neur (*Journal officiel* du 20 janvier, p. 330. M. Jules
              Cazot, ministre de la justice).
13 juillet 1889. Officier... (*Journal officiel* du 14 juillet, p. 3373.
              M. Thevenet, ministre de la justice).
17 juillet 1890. Commandeur... (*Journal officiel* du 18 juillet, p. 3697.
              M. Fallières, ministre de la justice).
       (Note de la seconde édition).

     (1) Le 8 juillet, la Cour d'assises de la Seine avait condamné le géiant
du journal l'*Intransigeant* à un mois de prison, 1,000 francs d'amende,
2,000 francs de dommages-intérêts et l'imprimeur du journal *La Presse*
à 300 francs d'amende, 1,000 francs de dommages-interêts, chacun des
deux journaux à six insertions, dont trois en province et trois a Paris,
sur la poursuite de M. Quesnay de Beaurepaire, diffamé en sa qualité
d'officier de l'armée auxiliaire pendant la guerre franco-allemande de
1870-1871.

rament le jettent dans les luttes politiques. Il combat pour la cause républicaine par le journal et par la parole. Au mois d'octobre 1871, le canton de Mamers le nomme membre du Conseil général du département de le Sarthe. Au mois d'octobre 1877, il est le candidat des comités républicains de la première circonscription de Mamers contre M. de Larochefoucauld-Bisaccia. Il suit de près son concurrent dont l'élection fut d'ailleurs invalidée. — Mémorables journées du mois d'octobre 1877! Avons-nous donc oublié les efforts persévérants qu'elle nous ont coûtés? Mon malheureux pays, fatalement voué aux dissensions intestines, n'en peut-il espérer le consolant retour?

Au cours du mois de mai 1873 se produisit un incident dont il convient que je vous entretienne. M. Quesnay de Beaurepaire, démissionnaire comme magistrat depuis le mois d'août 1871, avocat, simple particulier, membre et secrétaire du Conseil général du département de la Sarthe, fonde un journal de fusion républicaine, l'*Avenir*. Il fallait soutenir la lutte contre la Droite royaliste représentée par M. de Larochefoucauld-Bisaccia et la Droite impérialiste ayant à sa tête M. Haentgens, tous deux députés. Le journal fit vaillamment son devoir. La plume incisive, mordante de M. Quesnay de Beaurepaire blessa M. Haentgens, qui poursuivit en police correctionnelle pour délit de diffamation et obtint du tribunal correctionnel du Mans, à la date du 23 mai 1873, un jugement qui condamna M. Quesnay de Beaurepaire à 200 frans d'amende et à 1,500 francs de dommages-intérêts.

Il convient de donner à ce jugement sa significa-tion véritable. C'est une décision de police correction-nelle rendue à l'occasion d'une polémique politique entre deux journalistes. La bonne foi ne pouvait valoir comme excuse, la preuve des allégations considérées comme diffamatoires n'était pas recevable. La lutte avait éclaté pendant une période de surexcitation extrême des esprits, si bien que le jugement est antérieur d'un jour seulement au renversement de Thiers, le libéra-teur du territoire. Aujourd'hui le débat ne s'agite pas entre M. Haentgens, qui n'est pas en cause, et M. Quesnay de Beaurepaire. Comment pourrait-on opposer comme fin de non-recevoir à la poursuite engagée au nom du Garde des sceaux, ministre de la Justice, dans l'intérêt du procureur général outragé dans l'exercice et à l'occasion de l'exercice de ses fonc-tions, une condamnation qui a frappé M. Quesnay de Beaurepaire, simple particulier et journaliste? Alors que d'après la loi sur la liberté de la presse, la pres-cription est acquise au bout de trois mois, alors que des amnisties nombreuses ont effacé la trace des con-damnations encourues pour délits de presse, on exhume en 1889, seize années après qu'il a été prononcé, un jugement daté du mois de mai 1873, et on émet cette prétention, tout au moins singulière, que M. Quesnay de Beaurepaire, condamné comme simple particulier pour un délit de diffamation, n'a pas droit à la pro-

tection du jury quand il est outragé en qualité de procureur général et dans l'exercice de ses fonctions! La
justice est pourtant due à chacun, au fonctionnaire
comme au simple particulier.

Ce jugement n'atteignit pas d'ailleurs la considération, l'autorité personnelle de M. Quesnay de Beaurepaire. A plusieurs reprises, ses concitoyens lui pro-
posèrent la candidature au Conseil général, à la Chambre des députés. Peu de temps après, dans le courant
de l'année 1874, il devenait le gendre de M. Rubillard,
conseiller général, maire du Mans, ancien député [1],
actuellement sénateur, et il s'attachait ainsi par de nou-
veaux liens à la cause républicaine.

Sollicité de rentrer dans les rangs de la magistrature,
M. Quesnay de Beaurepaire était, à la date du 22 mars
1879, appelé au parquet du tribunal de la Seine en
qualité de substitut. Par l'éclat de sa parole, par l'autorité de ses conclusions dans des procès importants,
il conquit rapidement une situation exceptionnelle;
aussi, après un stage de deux ans et demi à peine,
était-il, par décret du 13 septembre 1881, placé à la
tête du Parquet général de la Cour d'appel de Rennes.
Si vaste que fût ce ressort de province, il ne pouvait
suffire à l'activité du nouveau procureur général, Orateur d'élite, causeur étincelant, littérateur, M. Quesnay de Beaurepaire avait la nostalgie de Paris. Il
revint à Paris le 17 avril 1883 en qualité d'avocat gé-

(1) Actuellement député de la première circonscription du Mans (note
de la seconde édition).

néral près la Cour d'appel. Ses réquisitoires aux assises
dans les affaires Campi, Louise Michel, Pel, sont de-
meurés des modèles de style, d'observation et de haute
éloquence.

En prenant possession du Parquet général de la Cour
d'appel de Rennes , M. Quesnay de Beaurepaire expo-
sait en audience solennelle sa conception des devoirs
qui lui incombaient comme fonctionnaire du gouvernement de la République et comme magistrat. « Je
n'oublierai jamais les liens d'attachement politique que
m'impose mon titre, que l'expérience des événements
a fait naître en moi. La République, qui m'a nommé
et que je sers avec droiture, est le règne de la Loi, le
régime de l'égalité devant le Droit : par là s'unissent et
se confondent en moi les sentiments du magistrat et du
citoyen. Les nations en marche vont vers leurs desti-
nées sans remonter les chemins du passé : tels sont les
enseignements de l'histoire. La nôtre va d'un pas
assuré. Souvent consultée, toujours d'une voix plus
nette, elle affirme sa volonté; que les hommes éclairés,
apaisant leurs regrets ou leurs craintes, suivent aujour-
d'hui cette route, faisant le bien, évitant le mal, les
yeux vers l'avenir et les mains tendues : voilà ce que
j'ai cru être le salut, à l'heure des ruines; ce que je
crois plus que jamais. A ce gouvernement, que les
années ont consacré, je suis dévoué; ma fidélité lui est
acquise; j'en défendrai les principes avec une inébran-
lable fermeté. Mais, grâce à Dieu, cette fermeté s'allie
bien avec la modération; et, quand les questions fon-

damentales ne sont pas en cause, l'homme libéral,
s'inspirant d'une discrète réserve, cherche la conci-
liation, travaille à l'apaisement et croit mieux servir
l'État par la sagesse que par le zèle. Telles sont mes
opinions, telle sera ma règle... Le chef de votre compagnie, dans un éloge dicté par la bienveillance, a
parlé des années que je passai au Parquet de la Seine
dans des termes qui me rendent à la fois heureux et
confus; mais je le remercie plus encore, je le remercie
avec une émotion profonde, de s'être souvenu et d'avoir
rappelé que, magistrat, je vivais dans le travail et dans
le culte du Droit; et qu'à une autre époque j'ai su
quitter cette robe, que m'avait léguée mon père, pour
défendre en soldat ma patrie. C'est qu'en effet, messieurs, mon idéal est là tout entier : l'amour du pays et
de la Justice. C'est la passion qui résiste, qui grandit
en moi à cette heure où, disant adieu à la jeunesse
envolée, je me recueille dans l'étude et dans la froide
méditation... C'est à la Justice que je veux appartenir,
comme vous. Ce livre de la Loi dont vous êtes les gardiens, sera mon régulateur ; ce haut esprit d'impartialité qui vous anime m'inspirera dans chacun de mes
actes: votre amour du juste et de l'humain, affirmé par
tant d'arrêts mémorables, sera le mien. La vraie justice
est impersonnelle : si j'avais besoin de l'apprendre,
vous me l'auriez vite enseigné, messieurs. Je serai
donc en toute circonstance le même pour tous, me rap-
pelant que j'ai acquis mes titre, si j'en ai, dans cette
Grand'chambre du Palais de Paris, qui porte pour

devise, sur les murs de la salle de ses délibérations : JUS ET LEX (*Le droit et la Loi*). »

Le magistrat qui parlait avec tant d'élévation a-t-il tenu les engagements solennellement contractés en présence de la Cour? Voici le témoignage que rendait publiquement M. le premier président de la Cour d'appel de Rennes, Gaillard de Kerbertin, dans la cérémonie officielle d'installation du successeur de M. Quesnay de Beaurepaire. M. le premier président Gaillard de Kerbertin est un vétéran du corps judiciaire. Depuis le 13 juin 1847, date de sa nomination comme substitut près le tribunal de Rennes, il a vu passer bien des magistrats à la tête des Parquets. Les mouvements judiciaires, les crises politiques entretiennent une sorte de va et vient continu. Ce magistrat doyen, que les événements ont mis si souvent à même de comparer les hommes et de les juger, écoutez en quels termes émus et flatteurs il s'exprime. « Nos procureurs généraux passent vite, et ce n'est jamais sans tristesse que nous les voyons s'éloigner au moment même où nous apprenons le mieux à les connaître et à les aimer. Comment ne ressentirions-nous pas cette impression alors que dix-huit mois à peine ont séparé l'arrivée et le départ de M. Quesnay de Beaurepaire? Ce temps si court nous avait permis d'apprécier ses éminentes facultés. Esprit fin et délicat, écrivain d'une rare originalité, orateur consommé, administrateur habile, il se montrait supérieur en tout, parce qu'il avait deux puissants auxiliaires, la force et la volonté. Je devais laisser au doyen du parquet le soin de rappeler avec quelle distinction son chef dirigeait ce vaste ressort; plus directement associé à son œuvre, il avait plus spécialement qualité pour le dire. Mais je revendique le droit de rendre un public hommage au caractère de notre regretté collègue. J'ai pu en effet, grâce à des communications intimes dans lesquelles nous discutions les titres et la situation de nos collaborateurs, constater mieux que tout autre l'élévation de ses sentiments, sa loyale indépendance, et son zèle passionné pour la justice. C'était vraiment un magistrat et je n'en saurais faire un plus bel éloge. Soldat du devoir, M. de Baurepaire était toujours sur la brèche, il se dépensait tout entier, et, quelle que fût la multiplicité de ses labeurs, il trouvait encore le temps d'affronter les fatigues de l'audience. Qu'une affaire exceptionnelle s'imposât à sa fonction ou sollicitât son talent, il allait, même au loin, jeter dans de grands débats les accents vigoureux de sa parole éloquente, et le décret qui nous l'enlève l'a surpris à l'heure même d'un de ses plus beaux triomphes oratoires. Paris, qui nous l'avait prêté, a voulu le reprendre. Sa place y demeurait marquée, et lui-même, oublieux des honneurs de sa position, va retrouver avec bonheur ces luttes brillantes qui avaient fondé sa réputation et cette école spirituelle et lettrée dónt il avait reçu les leçons et si bien gardé l'empreinte. Notre pensée le suivra. »

Au Parquet général de la Cour d'appel de Rennes, M. Quesnay de Beaurepaire avait eu pour collabora-

teur M. Louis Michel, avocat général. C'est précisément M. Michel qui a succédé à M. Quesnay de Beaurepaire sur le siège de procureur général. Par la nature de ses fonctions, M. l'avocat général Michel
avait été appelé à entretenir des rapports continus
avec son chef, à vivre en quelque sorte dans son
intimité. Avec quel accent de sincérité il loue les
qualités de l'homme et du magistrat! « Orateur d'élite,
écrivain de race, causeur étincelant, M. le procureur
général Quesnay de Beaurepaire exerçait autour de
lui une sorte de fascination. Les traits nets, acérés,
brillants qui s'échappaient de ses lèvres, se logeaient
dans l'esprit et y gravaient leur trace ineffaçable...
Et sous ces dehors séduisants, pleins de fine malice
et de mordante raillerie, quelle âme chevaleresque et
généreuse, quelle noble simplicité, quel profond
sentiment du devoir, quel dévouement, quelle complai-
sance aussi et quelle bonne grâce! J'en puis parler
savamment, moi qui dois à ce chef regretté d'avoir
pénétré les arcanes du rouage administratif, dont il
possédait à merveille les ressorts; moi qu'il avait pris
en affection, qu'il honorait de sa confiance, qu'il avait
admis dans son intimité et auquel il servait obligeam-
ment de mentor avec une affectueuse bienveillance
qui me constitue désormais son débiteur insolvable
et reconnaissant. Aussi est-ce du fond de l'âme que
je m'associe à tout ce qui vient d'être si bien dit sur
son compte par des voix autorisées, dont la mienne
ne peut que se faire l'écho. »

A ces appréciations si favorables émises sur le talent et le caractère de M. le procureur général Quesnay de Beaurepaire par les chefs de la Cour d'appel de Rennes, il manquait en quelque sorte une sanction, la ratification des justiciables. Elle n'a pas fait défaut. Le jury du département de l'Ille-et-Vilaine a déclaré calomniateurs les journaux qui avaient mis en doute la parfaite honorabilité de l'ancien procureur général, et la Cour d'assises, par arrêt du 24 mai, a prononcé une condamnation à dix jours de prison et 200 francs d'amende.

Ainsi, dans le ressort de la Cour d'appel de Rennes, les représentants autorisés de la magistrature et de l'opinion publique attestent hautement la loyauté, l'indépendance de caractère, le zèle pour la justice du procureur général, M. Quesnay de Beaurepaire. Ce concert d'éloges ne couvre-t-il pas les cris discordants de quelques insulteurs?

Comme écrivain, M. Quesnay de Beaurepaire occupe une place considérable dans le monde des lettres. Sous le pseudonyme Jules de Glouvet, nom de cadet de son grand-père, il a, depuis l'année 1881, publié dix volumes dont voici les titres :

Le Forestier, le Marinier, le Berger, Marie Fougère, études de la vie champêtre;

Croquis de femmes, réunion de récits et nouvelles;

La famille Bourgeois, l'Étude Chandoux, la Fille adoptive (Succession Cerville), romans de mœurs;

L'Idéal, le Père, études sentimentales.

En outre, divers récits, *Histoires du Vieux Temps*,
non encore réunis en volume, ont paru en brochures
ou dans les revues (dans *l'Argonne, le Rosier, le Da-
moisel de Cabestaing, Mauregard, la dame de Margou*).

A quelle école littéraire Jules de Glouvet se rattache-
t-il? Quels sont les mérites, les traits originaux de son
style? La question n'a pour vous, messieurs les Jurés,
qu'un intérêt tout à fait secondaire. On se plaît cependant à reconnaître que le tour de la phrase, le choix
des sujets, le genre des descriptions rappellent la
manière de George Sand. Que vous importe-t-il de savoir? Jules de Glouvet est-il un auteur moral? Les
données de ses romans, les théories, les systèmes des
personnages tendent-ils au relèvement des caractères,
au perfectionnement de l'âme humaine? Le lecteur se
sent-il entraîné par un souffle d'enthousiasme, d'espérance et de foi? Ou bien, tenu à ras de terre, en face
du tableau complaisamment étalé de la corruption
sociale, s'abandonne-t-il à ce pessimisme incurable
qui tarit les sources de la vie morale et ne laisse après
lui qu'une insurmontable lassitude, une morne percep-
tion de la vanité de tout effort? Sains et réconfortants
sont les romans de Jules de Glouvet. On y respire l'air
vivifiant des bois et des montagnes. On y converse avec
des personnages qui croient à la conscience, à l'amour,
au dévouement, vaillants au travail, aimant la vie,
confiants et joyeux. Chaque livre s'achève par une
pensée consolante, qui porte l'âme vers les régions de
l'Idéal et de l'Infini.

La dernière publication [1], *Marie Fougère,* parue au mois de février de cette année, contient une préface qui n'est pas passée inaperçue et a même causé quel-que bruit. Une mère de famille, Lucie Herpin, inquiète du développement continu de la littérature réaliste, prend la plume pour défendre la cause de la morale qu'elle appelle à bien juste titre : la cause des·femmes. « On lit beaucoup dans nos petites villes, dit-elle ; or, toutes les honnêtes femmes y sont effrayées, pour leurs enfants comme pour elles-mêmes, des tendances que manifeste de plus en plus l'École moderne : il m'a paru nécessaire qu'au nom de toutes, une d'entre elles protestât et tentât de réagir. Paris nous a lancé comme dernier défi *La Terre* et *l'Immortel :* ceci est la réponse de la bourgeoisie lettrée de province... J'ai signalé la dépression des idées et la chute de l'art quand commençait la seconde moitié du siècle ; les irréguliers ont eu des successeurs, et les romanciers de la génération vivante ont singulièrement glissé sur la pente. Cela devait être. Ils ont obéi à la fois à l'impulsion donnée, à leur éducation propre, à l'influence de l'air ambiant. Tout suit, en pareille matière, une progression fatale ; c'est ainsi que les réalistes ont enfanté les naturalistes et que ceux-ci donnent le jour aux décadents. C'est, pour employer le seul mot qui convienne, l'école maté-rialiste, qui va, par une loi inévitable, du ciel au ruis-

(1) M. Quesnay de Beaurepaire a publié au mois de mai 1895, sous le pseudonyme de Jules de Glouvet, un roman historique intitulé « *France* » (note de la seconde édition).

seau... Ainsi, après avoir ramené toutes les femmes
de tous les mondes à un type unique, celui de la fille,
ils appelèrent cela « l'Étude de l'éternel féminin; »
ainsi encore, ils attribuèrent à leur examen superficiel
du système nerveux le titre pompeux de « psycholo-
gie; » ils remplacèrent la peinture de l'amour par le
procès-verbal de la chute, supprimèrent la conscience
et déclarèrent, sous forme de manifestes, qu'ils exer-
çaient un sacerdoce... Chères lettres françaises, dont
Frédéric de Prusse, dont Catherine de Russie se décla-
raient les admirateurs; langue incomparable, que tous
les peuples policés parlent avec amour, dont la diplo-
matie est jalouse de faire usage, langue de Montaigne et
de Montesquieu; mœurs élégantes, galanterie exquise,
délicatesse de l'esprit, respect des croyances, suffirait-
il d'un souffle pour vous dissiper? Verrons-nous l'extrême civilisation nous ramener au niveau de l'homme
primitif guidé par ses seuls appétits? L'idéal sera-t-il
tué par le matérialisme? Telles sont les deux questions
qui se posent aujourd'hui... Enfant d'un siècle fri-
vole, j'admets volontiers que le roman soit classé
parmi les genres littéraires de premier plan. En même
temps que ses fictions intéressent, son cadre élastique
permet à l'auteur toutes incursions dans les domaines
de l'histoire, de la philosophie, de la poésie même; et
la variété nécessaire de la forme permet de recourir à
toutes les richesses de la langue. Mais le roman, pour
être classé ainsi œuvre d'art, doit s'élever jusqu'à l'idée
générale dans sa conception, et toujours respecter dans

ses développements la dignité humaine, car l'art ne peut être que l'image idéalisée de la nature et de la vie... L'art n'est pas une étude de la réalité positive, c'est une recherche de la vérité idéale. »

La préface termine ainsi : « Non, tout n'est pas encore perdu, puisqu'un livre qui n'a pour mérite que la sincérité et l'honnêteté peut encore paraître. »

Sincérité, honnêteté, ces deux derniers mots de la préface du roman *Marie Fougère,* peuvent être placés au frontispice de l'œuvre littéraire de Jules de Glouvet. C'est pourtant ce même écrivain, délicat, épris d'idéal, que des calomniateurs appellent le pornographe, la fille Herpin!

Mais comment donc la Presse — j'entends celle qui se respecte et garde au milieu des luttes politiques le souci des convenances — a-t-elle apprécié la nomination de M. Quesnay de Beaurepaire? Je me borne à citer quatre journaux, les choisissant d'ailleurs parmi les plus considérables et dans des camps politiques divers.

Le National, 3 avril. — « La nomination de M. Quesnay de Beaurepaire sera, nous en sommes convaincu, très favorablement accueillie au Palais de Justice. Le nouveau procureur général ne compte, en effet, que des amis parmi les magistrats actuels. De plus, il est très estimé des membres du Barreau. M. Quesnay de Beaurepaire a conquis au Palais une place éminente; tout le monde apprécie sa parfaite courtoisie et rend un hommage mérité à son énergie, à son beau talent de parole et à son grand sens juridique. Son nom a été mêlé aux principaux procès criminels. »

Le Temps, 3 avril. — « M. Quesnay de Beaurepaire, le nouveau procureur général près la Cour d'appel de Paris, porte un nom dont la notoriété est égale dans la magistrature et dans les lettres.

Sa carrière de magistrat a été fort brillante. M. Quesnay de Beaurepaire est arrivé à Paris il y a une dizaine d'années comme substitut du procureur de la République et, en cette qualité, il siégea successivement à la huitième chambre correctionnelle, la chambre des procès politiques, et à la première chambre, la chambre des grands procès civils. Quelques années après, il fut nommé procureur général près la Cour de Rennes. Il revint à la Cour de Paris comme avocat général et fut chargé du réquisitoire dans les procès de Louise Michel, accusée d'excitation au pillage des boulangeries, et dans le procès Campi; la lutte ardente qui s'engagea alors entre le ministère public et la défense est restée célèbre au Palais et servit à mettre en lumière le talent oratoire de l'avocat général, à la fois ardent et châtié, où le littérateur perçait sous l'orateur.

« Comme écrivain, le nouveau procureur général a publié, sous le pseudonyme de Jules de Glouvet, de nombreux romans où la préoccupation de la thèse morale tient toujours une grande place. Jules de Glouvet est devenu populaire depuis la publication *du Père* et des trois romans champêtres *le Forestier, le Marinier, le. Berger,* trinité d'études sur l'homme des bois, l'homme des fleuves, l'homme des plaines.

« Tout récemment enfin, l'apparition, sous le pseudonyme de Lucie Herpin, d'un livre intitulé : *Marie Fougère,* dont la préface était un réquisitoire pittoresque contre le naturalisme et une réponse à *l'Immortel,* avait fait prononcer le nom de M. Quesnay de Beaurepaire. On avait deviné juste : les dernières éditions de *Marie Fougère* portent le nom de Jules de Glouvet. Nous n'avons pas à parler du talent littéraire du nouveau procureur général ; les lecteurs du *Temps* ont pu l'apprécier il y a quelques mois dans le roman qu'il a donné ici même, *la Succession Cerville.* »

La République française, 2 avril. — « Le *Journal Officiel* enregistre ce matin la nomination au poste de procureur général près la Cour d'appel de Paris de M. Quesnay de Beaurepaire, un des magistrats les plus distingués de la Cour, un des républicains les plus fermes et les plus estimés de la magistrature. »

Le Figaro, 2 avril. — « M. Quesnay de Beaurepaire porte un nom également connu dans la littérature et au Palais. Comme magistrat, il a été successivement substitut au tribunal de la Seine, procureur général à Rennes, et enfin avocat général à Paris.

« C'est un magistrat d'un rare talent de parole. Ses réquisitoires dans l'affaire Pel, dans l'affaire Campi, resteront comme des modèles d'observation et de finesse. La caractéristique de son talent est une recherche parfois excessive de l'originalité, du pittoresque, une préoccupation constante de l'analyse.

« C'est que le nouveau procureur général est surtout un romancier. Son pseudonyme littéraire, Jules de Glouvet, est devenu populaire depuis la publication de ces trois romans champêtres, *le Forestier*, *le Marinier*, *le Berger*, trois études charmantes sur l'homme des bois, l'homme des fleuves, l'homme des plaines.

« *L'Idéal*, les *Histoires du vieux temps*, et, en dernier lieu, cette jolie pastorale un peu apprêtée qui s'appelle *Marie Fougère*, et que M. Quesnay de Beaurepaire avait signé d'abord du pseudonyme féminin de Lucie Herpin, ont achevé de placer M. Quesnay de Beaurepaire au premier rang de la nouvelle école idéaliste, qui est partie en guerre contre M. Zola et ses disciples.

« La préface de *Marie Fougère* fut un événement littéraire. Le naturalisme y était pourfendu! Le livre, malheureusement, me semble inférieur à la préface, qui est un petit chef-d'œuvre.

« Gendre de M. Rubillard, sénateur de la Sarthe, M. Quesnay de Beaurepaire a été mêlé très jeune à la vie politique. Sous l'Empire, il a combattu dans la presse républicaine avec une ardeur qui lui a valu de connaître, lui aussi, les procès et les persécutions politiques. Il ne s'en porte pas plus mal à l'heure qu'il est. . . . .

« Nous sommes presque tenté de regretter que la politique active nous prenne cet esprit d'élite, ce penseur, ce délicat, ce joli styliste amoureux du beau dire, mais M. Quesnay de Beaurepaire a toujours passé pour un esprit indépendant, pour un galant homme incapable d'une vilenie.

« Dans la situation si pleine de périls qu'il va occuper, nul doute qu'il ne s'inspire de sa vieille devise :

« Oncques ne fourligne qu'est né de Beaurepaire. »

S'il est vrai que M. le procureur général Quesnay de Beaurepaire a servi de point de mire à la calomnie, quelques traits envenimés ont atteint ses collaborateurs MM. Roulier, avocat général, Duval, substitut du procureur général, Lombard, substitut du procureur de la République. Comment parler de mes collègues et amis? Je me sens mal à l'aise pour louer comme il convient ces magistrats d'une honorabilité sans tache, distingués, docteurs en droit, lauréats de concours, secrétaires de la conférence des avocats de Paris, dont le talent projette un si vif éclat sur les fonctions qu'ils occupent.

Roulier, avocat général, le plus jeune de nous tous, enfant gâté de la Fortune, indépendant par sa situation, trop pleinement heureux. trop naturellement droit pour que jamais l'idée même d'un compromis de conscience ou d'une action indélicate puisse surgir à son

esprit. Dans un article du journal *la Cocarde*, intitulé
Poltron mais féroce, on attribue à Roulier une attitude
pusillanime, lâche même pendant la guerre. Cette insi-
nuation calomnieuse m'oblige à révéler un fait tout à
l'honneur de mon collègue, accompli discrètement,
sans bruit , que nous ignorions tous. Né le 29 juillet
1852, Roulier, âgé de 18 ans seulement lors de la
déclaration de guerre, ne pouvait être et ne fut appelé
à aucun titre sous les drapeaux. Après la guerre, à la
suite du volontariat d'un an, il est nommé au grade de
sous-lieutenant de réserve dans l'infanterie. Voici le
brevet en date du 3 août 1878.

Peu de temps après, Roulier devient magistrat,
substitut près le tribunal de Saint-Étienne. Les fonctions judiciaires étant incompatibles avec le service
militaire, il démissionne comme officier. Mais, au
mois d'avril 1887, l'incident Schnœblé éclate; la
guerre entre la France et l'Allemagne est imminente;
Roulier écrit aussitôt au ministre de la Guerre et solli-
cite la réintégration d'urgence dans son grade de sous-
lieutenant. Il fait appuyer sa demande par un général,
M. Savin de Larclause, alors chef d'état-major au
ministère de la Guerre, et voici la réponse qu'adressait
à ce général, à la date du 28 mai 1887, le général
directeur de l'infanterie au ministère de la Guerre.

MINISTÈRE
DE LA GUERRE
—

1re DIRECTION
INFANTERIE
—

CABINET
du
GÉNÉRAL DIRECTEUR
—

« Mon général,

« J'ai l'honneur de vous rendre compte
« de ce qui a été fait pour donner suite à la
« demande de M. Roulier, sous-lieutenant
« de réserve démissionnaire.

« M. Roulier a donné sa démission parce
« qu'il exerçait des fonctions judiciaires
« incompatibles avec le service militaire.
« Si M. Roulier quittait ces fonctions, il
« pourrait être proposé pour la réinté-
« gration dans son grade, mais tant qu'il
« restera magistrat, il ne remplit pas les
« conditions pour obtenir cette réintégra-
« tion.

« Toutefois, il a été inscrit au quatrième
« bureau de la première direction comme
« *désirant reprendre son grade en cas de*
« *guerre* (1), et si ces circonstances se pré-
« sentaient, il suffirait à M. Roulier de
« rappeler sa demande pour qu'il y soit
« donné satisfaction en supposant qu'il rem-
« plisse encore à ce moment les conditions
« d'âge et de disponibilité.

« Veuillez agréer, etc.

« *Signé :* Général Poilloue de Saint-Mars »

Que dire maintenant de Duval et de Lombard?
Duval, substitut à la Cour, modeste, pénétré du sen-

(1) Ces mots sont soulignés à l'original.

timent de ses devoirs, entouré au Palais de l'estime générale, Lombard, substitut au tribunal, supérieur par son talent à sa situation hiérarchique, dont je ne puis prononcer le nom, si populaire en Lorraine, sans évoquer comme un cortège d'hommes éminents composant sa famille, officiers, professeurs à la Faculté de droit, sénateurs, maire de Nancy.

Tels sont les hommes, les magistrats, que des journalistes haineux, diffamateurs par métier, traînent sur la claie, déchirant en lambeaux leur considération, leur prestige, leur honneur, l'honneur, le dernier bien dont un homme de cœur consente à se laisser dépouiller! « La bonne renommée, comme l'a dit Schakespeare, est le joyau le plus personnel de l'âme; quiconque me vole ma bourse, me vole de la drogue, peu de chose, rien; c'était à moi, c'est à lui, cela avait été l'esclave de milliers d'autres; mais celui qui me filoute de ma bonne renommée, me dérobe une chose qui ne l'enrichit pas, et me rend vraiment pauvre [1]. »

Ah! les mœurs détestables qu'une certaine presse a créées! La liberté de la parole et de la plume nous était apparue comme le couronnement nécessaire de l'œuvre de la Révolution. Par le journal de plus en plus répandu, accessible à chacun, la pensée pénétrait dans les couches profondes du peuple. Sapant les injustices sociales, extirpant les abus et les préjugés,

---

(1). *Othello*, acte III, scène V.

la Presse, comme le semeur de la parabole, épandait à main ouverte le bon grain dans le champ défriché. Mais voilà que l'ivraie envahit le bon grain, la liberté dégénère en licence! Embusqués derrière un journal, des folliculaires sans vergogne, condottieri des temps modernes, détroussent les gens d'honneur. Jadis on jouait du poignard; ils jouent de la calomnie et frappent au cœur. Aucun moyen ne leur répugne. La politique excuse tout! Ne sont-ils pas faussaires au besoin?

Peu nombreux, sans doute, à l'honneur de la Presse, sont les journaux à scandale, calomniateurs attitrés, mais qu'on y prenne garde! le mal gagne lentement, de proche en proche, la grandeur morale de la Patrie est atteinte, la Liberté elle-même court de graves dangers!

Qui ne connaît ce chef-d'œuvre de la poésie moderne, le *Vase brisé*, de Sully-Prudhomme?

> Mais la légère meurtrissure,
> Mordant le cristal chaque jour,
> D'une marche invisible et sûre
> En a fait lentement le tour.

> Son eau fraîche a fui goutte à goutte,
> Le suc des fleurs s'est épuisé;
> Personne encore ne s'en doute,
> N'y touchez pas, il est brisé.

Il en est ainsi de la calomnie. Quand, peu à peu,
par une sorte d'infiltration et d'érosion continue.
la calomnie, altérant les gloires les plus pures,
dénaturant les actions généreuses, aura corrompu,
rongé dans l'âme de chacun de nous la foi au désinté-
ressement, à la justice, à la vérité; quand tous les
hommes qui se dévouent à la chose publique, orateurs,
hommes d'État, chefs d'armée, fonctionnaires, quand
tous les détenteurs du pouvoir seront tombés tour à
tour frappés par une sorte de loi des suspects, quand
la politique et les fonctions publiques, délaissées par
les gens de cœur abreuvés d'amertume, seront deve-
nues la proie d'une tourbe d'ambitieux sans scrupules,
que nous restera-t-il, démolisseurs stupides? N'est-il
pas vrai que les forces morales seront désorganisées,
que le découragement aura brisé tout ressort et que
la nation tout entière, vaisseau démâté n'apercevant
au loin ni phare, ni refuge, sombrera, jetant comme
un lest inutile le culte des grands hommes, la courtoisie des mœurs, la loyauté des discussions, son
honneur, sa fierté, ses libertés et ses lois?

Il vous appartient, messieurs les Jurés, d'arrêter
le mal dans sa marche ascendante. Que votre verdict
soit une protestation de la conscience publique! Je
dois au jury de la Seine et je lui rends publiquement,
sans artifice de langage, croyez-le bien, un témoignage mérité. Jamais, depuis bientôt une année que j'ai
l'honneur de porter la parole aux assises, le jury de la

Seine n'a failli à sa haute mission! Les citoyens outragés dans l'exercice de fonctions publiques ont obtenu de lui protection et justice [1]. C'est un spectacle réconfortant, c'est un gage pour l'avenir!

Un grand historien [2] raconte que vers la fin des Républiques italiennes, la haine des partis était devenue implacable; dans la mêlée des guerres civiles sans cesse renaissantes, la notion de la justice avait péri. La loi dut prescrire que le juge appartiendrait à une nationalité étrangère! Quelle honte pour ce temps et pour ce pays! Jamais en France, laissez-moi du moins l'espérer, nos dissensions politiques ne troubleront la conscience du magistrat. Serment prêté, le magistrat domine ses passions. Sourd aux bruits du dehors, il n'entend que l'appel des justiciables lésés dans leur fortune ou dans leur honneur. Au nom des magistrats outragés, en notre nom à tous, car tous nous sommes atteints en la personne de nos collègues et de nos chefs,

---

(1) 1° 5 novembre 18 88. Condamnation sans circonstances atténuantes du journal boulangiste *La Charge*. Outrages aux généraux de Miribel, Saussier, de Galliffet. Deux mois de prison, 500 francs d'amende à chacun des prévenus. — 2° 14 mars 1889. Condamnation sans circonstances atténuantes du journal *La Lanterne*. Diffamation et outrages, M. Coulon, directeur des Postes et Télégraphes, partie plaignante. Trois mois de prison, 1,000 francs d'amende, 6,000 francs de dommages-intérêts, insertion dans dix journaux. — 3° 25 juin 1889. Condamnation du journal *Le XIXe Siècle*. Diffamation et outrages. M. Girard, directeur du laboratoire municipal, partie plaignante. Un mois de prison, 1,000 francs d'amende, 15,000 francs de dommages-intérêts, insertion dans trois journaux.

(2) Sismondi, *Histoire des Républiques italiennes*.

je vous demande, nous vous demandons justice! Des
magistrats français ne la refuseront pas !

Le verdict du jury (12 juillet 1889) ayant été négatif relativement
aux journaux *l'Autorité*, *le Tour de Paris*, *l'Intransigeant*, et affirmatif seulement à l'égard d'un article du journal *la Cocarde*, le gérant
de ce dernier journal fut condamné à quinze jours de prison et à 250
francs d'amende.

Avocats : MM. CHOPIN D'ARNOUVILLE , pour *l'Autorité;* VERGOIN,
pour *le Tour de Paris;* FONTAINE DE RAMBOUILLET, pour *l'Intransigeant;* LE SENNE, pour *la Cocarde*.

TABLE DES MATIÈRES.

BAR-LE DUC, IMPRIMERIE CONTANT LAGUERRE.

www.ingramcontent.com/pod-product-compliance
Lightning Source LLC
Chambersburg PA
CBHW060544210326
41519CB00014B/3345